高等教育学学科建设丛书

丛书主编 ● 张德祥　李枭鹰

十二讲

教育学基本理论

李枭鹰　唐德海 ● 著

广西师范大学出版社

GUANGXI NORMAL UNIVERSITY PRESS

·桂林·

图书在版编目（CIP）数据

教育学基本理论十二讲 / 李枭鹰，唐德海著. -- 桂林：
广西师范大学出版社，2022.10
　　（高等教育学学科建设丛书 / 张德祥，李枭鹰主编）
ISBN 978-7-5598-5436-0

　　Ⅰ．①教… Ⅱ．①李… ②唐… Ⅲ．①教育学－理论研究
Ⅳ．①G40

中国版本图书馆 CIP 数据核字（2022）第 174893 号

广西师范大学出版社出版发行
（广西桂林市五里店路 9 号　邮政编码：541004）
　网址：http://www.bbtpress.com
出版人：黄轩庄
全国新华书店经销
广西广大印务有限责任公司印刷
（桂林市临桂区秧塘工业园西城大道北侧广西师范大学出版社
集团有限公司创意产业园内　邮政编码：541199）
开本：787 mm × 1 092 mm　1/16
印张：11　　字数：170 千
2022 年 10 月第 1 版　　2022 年 10 月第 1 次印刷
定价：42.00 元

如发现印装质量问题，影响阅读，请与出版社发行部门联系调换。

总　序

　　我国的高等教育学学科自 20 世纪 80 年代初创建以来,经过近四十年的建设与发展,已经形成以高等教育学为主干的学科群。但总体来说,高等教育学还不是一个成熟的学科。这需要我们进一步加大力度,推进高等教育学的建设与发展。

　　高等教育学走向成熟需要加强多层次的高等教育研究。高等教育学应高等教育的发展需要而诞生,但高等教育作为一种社会活动不会自动转化为高等教育的"学科形态"。高等教育学的诞生、发展、壮大和繁荣,时时刻刻离不开高等教育科学研究。因为,离开了高等教育科学研究,就不会有任何的关于高等教育的学问,自然也就不会有高等教育学的诞生、发展、壮大和繁荣。从高等教育学学科建设的角度看,这套丛书倡导要加强元高等教育学研究或高等教育学元研究、高等教育学原理研究、高等教育学子学科建设研究和高等教育重大理论问题研究,是中肯的和值得肯定的。

　　高等教育学走向成熟需要加强高等教育学子学科建设。学科不断分化又不断综合是学科发展的基本趋势,而分化又是综合的前提和基础。一般地说,学科分化以子学科的形态呈现,即子学科的繁荣程度可以反映学科的分化程度;任何一个学科走向成熟,离不开该学科各子学科的支撑。高等教育学的建设与发展,一方面需要社会学、政治学、经济学、文化学、管理学、政策学等学科的参与和支持,而且这些学科发展得越好,可以为高等教育学提供的启发和借鉴就越多;另一方面更需要高等教育学各子学科的支撑,而且这些子学科发展得越好,高等教育学就越能横向拓展和纵深推进。目前,高等教育学各子学科发展态势良好,但总体上还不充分不平衡,像高等教育学、高等教育管理学等子学科发展得好一些,其他子学科相对单薄一些,需要我们花更多的力气去耕耘、播种和浇灌。

高等教育学走向成熟需要出版社、学术期刊出版机构等各种学术成果之孵化平台的大力支持。目前，国内办了不少专门的高等教育学术刊物，各出版社也大力支持高等教育学学术著作的出版。一直以来，广西师范大学出版社对高等教育学著作的出版支持力度很大，除了出版大量的单本专著，广西师范大学出版社在 21 世纪初出版过由薛天祥教授主编的"高等教育理论丛书"，这套丛书对高等教育学学科的人才培养影响很大，不少师生从中获益匪浅。如今，广西师范大学出版社又联合大连理工大学高等教育研究院，策划、组织、编写和出版"高等教育学学科建设丛书"，以专题形式研究高等教育学各子学科中的经典问题、前沿问题、热点问题和难点问题，这对我国高等教育学的学科发展和人才培养意义重大。

高等教育学走向成熟需要高等教育学学术共同体的共同努力。任何学科的成熟都是一代又一代研究者艰苦耕耘的结果，而且每一代有每一代的责任和使命。这对高等教育学而言也不例外。多年来，大连理工大学张德祥教授潜心于高等教育科学研究，带领学术团队勤耕不辍，在高等教育多个研究领域取得了可喜的成就，如今又带领学术团队立足于其成员各自的研究生课程教学，恪守经典性、学术性、前沿性、教育性和可读性的原则，采用灵活性较强的"讲义"形式，以高等教育学各子学科为核心和重点，编写和出版"高等教育学学科建设丛书"。这套丛书涉及多个高等教育学子学科，充分展现了新一代高等教育学研究者建设与发展高等教育学学科的责任感和使命感，用两位总主编在前言中的话说就是，"进一步促进高等教育学学科建设，为高等教育学学科建设和高等教育学学科人才培养提供必要支撑，并为新时代中国特色社会主义高等教育理论体系的丰富完善增砖添瓦"。对于这套丛书的策划、组织、编写和出版，我由衷地感到欣慰。最后，我真诚地希望参与这项工作的老师们不辞辛劳、不畏艰难、努力工作，高质量、高水平地把这套丛书呈现给读者。

是为序。

潘懋元

于厦门大学高等教育发展研究中心

2022 年 3 月 19 日

前　言

　　中华人民共和国成立以来,特别是改革开放之后,我国的高等教育科学研究取得了可喜的成就,为发展和繁荣我国高等教育学做出了突出贡献,在国家和各级政府制定高等教育政策中发挥了不可替代的智库作用,为解决高等教育改革发展中的实际问题提供了理论指导和行动指南。面向未来,高等教育科学研究要有更大作为,为我国高等教育现代化建设做出更大贡献。

　　我国高度重视教育科学研究,教育部专门印发了《关于加强新时代教育科学研究工作的意见》,明确提出"丰富完善中国特色社会主义教育理论体系"的宏伟目标。中国特色社会主义高等教育理论体系是中国特色社会主义教育理论体系的有机组成部分,高等教育理论工作者有责任和义务为之丰富完善做出积极的努力和贡献,而加强高等教育学学科建设是奠基之举。为此,我们有必要加强四个方面的高等教育科学研究。一是元高等教育学研究。元高等教育学主要探讨高等教育学的学科本质、学科本体、学科本原、学科属性、学科方法、学科边界、学科分类、学科价值等问题,以及高等教育学为何形成、如何形成和怎样发展,从总体上或全局上引导高等教育学学科建设。二是高等教育学原理研究。高等教育学原理揭示了高等教育的本质及其运行、发展的一般规律,提供了认识、解释高等教育的基本框架,贡献了指导高等教育实践的一般原则,对高等教育学学科建设具有根基性意义。三是高等教育学子学科建设研究。我国的高等教育科学研究已形成以高等教育学为主干的学科群,但各子学科发展还不充分不平衡,需要我们大力推进高等教育学子学科高水平集群化发展,为高等教育学学科发展提供强有力的支撑。四是高等教育重大理论问题研究。高等教育的建设、改革和发展会经常碰到各种高等教育重大理论问题,研究这些高等教育重大理论问题不仅是指导高等教育实践的需要，也是建设高等教育学学科体系的需要，还是丰富完善中国特色社会主义高等教育理论体系的需要。

为全面推进元高等教育学、高等教育学原理、高等教育学子学科建设和高等教育重大理论问题等方面的研究，进一步促进高等教育学学科建设，为高等教育学学科建设和高等教育学学科人才培养提供必要支撑，并为新时代中国特色社会主义高等教育理论体系的丰富完善增砖添瓦，我们恪守经典性、学术性、前沿性、教育性和可读性原则，策划、组织、编写和出版这套"高等教育学学科建设丛书"。这套丛书拟包括《教育学基本理论十二讲》《高等教育学元研究十二讲》《高等教育学十二讲》《高等教育政治学十二讲》《高等教育社会学十二讲》《高等教育问题十二讲》《高等教育评价学十二讲》《大学课程与教学论十二讲》《高等教育伦理学十二讲》等著作。这套丛书的作者以大连理工大学高等教育研究院的老师为主，以国内相关领域的专家学者为辅。整个研究团队不畏艰辛、不怕困难、精诚团结，为丛书的顺利完成倾注了大量的时间、心血和汗水。尽管如此，这套丛书仍或存在这样或那样的不足，敬请各位读者包容和批评指正。

这套丛书的策划、组织、编写和出版，自始至终得到了广西师范大学出版社的大力支持。广西师范大学出版社在我国高校出版社中名列前茅，一直以来十分重视高等教育学著作的出版，为高等教育学学科建设提供了独有的支持，如今又全力支持这套丛书的出版。对此，我们由衷地感谢！

张德祥　李枭鹰
2022 年 3 月 10 日

目 录
Contents

第一讲
走进教育学的理论世界

为什么要走进理论世界？因为理论是"概念、原理的体系"①，一旦掌握了理论，便可以用"同一性"去解释"多样性"，用"普遍性"去解释"特殊性"，用"一"去解释"多"。更具体或更直接地说，走进理论世界可以更好地认识世界、解释世界和改造世界，可以更好地规约我们的思想与行动。走进理论世界是人类的理性追求，是人类的雄心壮志，是人类的本质力量的释放和彰显，是人类作为万物之灵、万物的尺度、宇宙的精华的标志。

"教育学基本理论专题"课程是大连理工大学教育学硕士研究生的必修课，以及教育管理、马克思主义教育理论等学科专业博士研究生的选修课。这门课程的核心目标是"引导学生走进教育学的理论世界"。下面，我们将讨论三个具有内在关联的问题：一是走进教育学的理论世界何以必要（即重要性问题），二是走进教育学的理论世界何以可能（即做好哪些基本功课问题），三是走进教育学的理论世界如何可能（即解决哪些根本性问题）。

一、何以必要

"何以必要"是一个关于重要性的问题，也就是为何要走进教育学的理论世界。从远处说，理论源于实践，高于实践，服务于实践。理论是后天的事实，一切理论都是社会发展到一定阶段的产物。在没有任何理论之前，虽然人类也在改造世界和改造自己，但这种改造是"摸着石头过河式"的改造，充满着偶然性和盲目性，是不自由和不自觉的。站在历史的长河中看，没有

---

① 辞海[M].上海：上海辞书出版社,2009:2338.

科学的理论指导,人类在改造世界和改造自己的过程中,会走这样或那样的弯路。人们已经形成共识:任何国家和民族都不能没有理论思维,任何人也都不能没有理论思维。这是经验、教训和事实。

教育需要理论,需要教育学;我们需要教育,也需要教育学;我们需要教育学,是因为教育需要教育学。从根本上看,人是教育的原因,也是教育的结果;人需要教育,教育也需要人;我们生活在教育之中,也与教育一起生活。我们需要教育,而且需要好的教育。如同金钱、权力,教育也是一把"双刃剑",好的教育和坏的教育都会对人的一生产生重大影响,只是各自影响的方式和方面截然不同罢了。我们需要好的教育,因为我们不能以试错的方式开展教育,尤其不能尝试以牺牲某些人的成长为代价换取教育改革的成功,这就要求我们必须按教育规律办教育,必须用科学的教育理论指导教育实践,必须建立科学的教育学体系并走进科学的教育学。

教育的发展诱发了教育学,教育学的发展又客观地促进了教育的繁荣。这是教育与教育学的辩证统一关系。教育学因教育需要而诞生、发展和繁荣,但教育学与教育不是同时产生的,教育学晚生于教育很多年。二者相比,教育学如同刚出生的婴儿,教育则如同耄耋之年的老人。教育史家认为,自有人类,便有教育。也就是说,教育的历史与人类的历史一样久远,甚至比人类的历史更久远。作为一门学科或课程,教育学在西方只有不到400年的历史(从1632年夸美纽斯的《大教学论》算起),在中国也只有120年左右的历史(从1902年京师大学堂师范馆开设的"教育学"课程算起)。

高等教育生发于普通教育,与普通教育存在千丝万缕的关系。高等教育学孕生于、脱胎于普通教育学,又生长了、延拓了普通教育学。这是一种客观事实。当然,高等教育与普通教育、高等教育学与普通教育学也存在根本性的差异。就学科差异而言,(普通)教育学和高等教育学的"研究对象是完全不同的:教育学名为'教育学'实为'儿童教育学',主要研究儿童教育;高等教育学的研究对象则是大学及各种高等教育问题。由于研究对象不同,在历史上两个学科各自存在互不相干的'道统'(或'研究传统'),长期各自为阵,不曾有过从属关系"①。据此而言,高等教育学与(普通)教育学应该并驾齐驱,并非一个"次等学科"。此外,高等教育学与(普通)教育学都是研究教育基本理论的,二者有"共性的一面"②,也有"个性的一面",还有"内在关联的一面"。我们既要看到高等教育学与教育学之间的"根本性差异",也要看到高等教育学与教育学之间的"血缘性关系"。二者之间的"血缘性关系"在一定程度上决定了"走进高等教育学的理论世界,须先走进教育学的理论世界"。正因为如此,我们将《教育学基本理论十二讲》纳入"高等教育学学科建设丛书"。

　　一直以来,我们始终认为,攻读教育学或高等教育学的研究生,皆有必要研修"教育学基本理论专题"课程。这绝非出于纯粹的教育学或高等教育学的学科情结或学科情感,也非为了刻意谋求教育学或高等教育学独特的话语解释权或垄断权,而是因为如果不如此,将造成我们的研究与行动缺乏教育或教育学的底色和基调。这些年来,我们发现不少教育学类或教育管理类的硕士或博士论文,只是运用了其他学科的理论或方法探讨教育领域的某个问题,既没有"教育"的基调,也毫无"教育学"的色彩,拿到任何一个领域或学科申请学位似乎也说得过去。

　　在不同的学校,这门课程有不同的名称或叫法,诸如"教育学原理""教育原理""教育基本理论专题"……我们所在的学校以前也将这门课叫作"教育学""教育学原理""教育基本理论专题",后来考虑到这些叫法过于宽泛而不好把握,指向性不太明确,边界过于模糊,容易产生歧义或误解,便将其改成了"教育学基本理论专题"。那么,这门课到底教什么、怎么教、学什么、怎么学,我们花了不少时间去探索和实践。最初,我们主要简约地评介各种教育理论流派,诸如进步主义教育理论、改造主义教育理论、永恒主义教育理论、要素主义教育理论、人本主义教育理论、建构主义教育理论、解放教育理论、多元智能理论、过程哲学理论、主体间性教育理论、后现代主义理论、终身教育理论以及生活教育论、乡村教育论、平民教育论、生命教育论

① 李均.作为一级学科的高等教育学——基于学科政策与学科历史的视角[J].高等教育研究,2011(11):32-37.

② 潘懋元.高等教育学的若干问题[J].高等教育研究,1983(1):4-26.

等,后来聚焦于讨论教育的本质、规律、功能、价值、目的等问题。总体来看,这种讲法效果并不明显,在某种意义上说,只是起到了教育学知识普及的作用,难以帮助学生形成对教育学及其理论的框架性认识。

对于这门课程,我们之所以要强调"专题",主要基于以下四点考虑:一是对于研究生而言,教师无需再像给本科生上课那样,系统讲授教育学的基本原理,因为这些系统性的知识由学生自己去掌握就可以了,研究生也有这个能力,否则,那就不是研究生了,更不用说成为合格或优秀的研究生了。需要指出的是,眼下很多教育学专业的研究生,根本不看或不愿意看经典的教育学教材,他们觉得看教材不能对论文写作产生"立竿见影"的效果。当然,这是不正确的,是不可取的。因为,没有扎实的教育学理论基础和原理知识,要写好教育学的学术论文是不现实的,正所谓"没有学养,又何来学术"。当然,教师也要充分认识到,教材不是标准答案,教学不是照本宣科,教育不只是传授知识,教师需要走进教材,更要走出教材,尤其要走进广阔的知识森林去漫步。二是作为教育学专业的研究生,需要对熟知的教育学基本理论有更深刻的理解和认识,实现"从熟知到真知"的跃迁,达到"知其然且知其所以然"的效果,用莱辛的话说,"与其记住两个真理,莫如弄懂半个真理"。当然,这并非一件易事。经验反复证明,"人们经常挂在嘴边的名词,往往是我们最无知的东西"(黑格尔)。对于那些自明性的问题,如果缺乏一种理论的热情或反思、质疑和批判的精神,我们容易"知其然而不知其所以然",容易处在"熟知而非真知"的状态。教育学专业研究生要走进常识,又要走出常识,还要超越常识。常识不足容易犯低级错误,但仅有常识是远远不够的。教育学理论不是教育常识的延伸,也不是教育常识的理论化,它深藏着对教育常识的反思、质疑、批判和超越。三是专题式教学比较灵活,可以围绕某个主题横向铺开,可以围绕某个主题纵深推进,可以围绕某个主题立体裂变,可以围绕某个主题将最新的研究成果或前沿知识及时纳入教学内容。四是有利于根据教育对象的实际而因材施教,尤其是面对跨学科专业考入教育学专业的研究生,教师可以灵活选择相应的主题和重组相应的知识。以上这些也是专题式教学深受教师和学生欢迎和喜爱的主要原因之一。当然,就专题式教学而言,不同的主讲人所选择的主题及其讲法也大为不同,也必然存在教学个性、教学艺术、教学风格、教学智慧、教学效果的差异。

对于"教育学基本理论专题"这门课程,各学校的叫法尽管有所不同,但其用意则大致相似,无外乎"夯实学生的教育学理论基础,拓宽学生的教育学理论视野,增加学生的教育学理论高度,升华学生的教育学理论境界"。用一句话来说就是,"引导学生走进教育学的理论世界"。只是"引导",而非"求解"或"给出"答案;只是"抛砖引玉",而非"大包大揽",更不是"穷尽所有";只是讲若干"自认为"非常有必要且必须讨论的教育学基本理论专题,其余的重要专题或议题要靠学生自觉去钻研;只是提供一个粗线条的路线图,而不是绘制完整的教育学基本理论地图。从某种程度上说,教育是一个庞大的、复杂的"问题域",交织着知识、科学、文化、文明和智慧,关联着觉悟、唤醒、自觉、传承和创新。这也意味着,孕生于和服务于教育发展需要的教育学理论,也必定是一个庞大的、复杂的"理论域"。在这个理论域中,有些理论问题是经典的、永恒的,有些理论问题是时髦的、暂时的,还有些理论问题是与时推移的,本课程只考察那些经典的、永恒的理论问题,因为这些理论问题在任何时空背景下都需要探讨,也值得探讨,而且常论常新。再回到教育现实来看,在复杂的教育问题域中,有些教育问题也是普遍性问题和永恒性问题,诸如教育结构、教育质量、教育公平等,它们总是表现为新老问题缠绕在一起,即教育中的"老问题"总是以胚芽的形态蕴含着"新问题",而"新问题"又以成熟的形态展开了"老问题",新老问题在对话与转换中不断呈现"新形态"。那些普遍性或永恒性的教育问题总是常论常新的,教育理论探讨或论争的"钟摆现象"就是这种常论常新的反映。新老问题的相互缠绕、螺旋相依和相互否定,推动着教育和教育学理论不断螺旋上升。可以说,教育问题是教育学理论的生命线,没有教育问题,就不可能产生教育学理论。不提出新的教育问题,就不可能形成新的教育学理论,就不能创建新的教育学理论学派。当然,教育学中也会有一些"一再重复出现"的问题。事实上,即使是老问题,只要它被重新提出,必然有新的时代背景,或可以从中引出新的问题。教育学的理论问题从哪里来?从根本上看,来自教育实践中遇到的难题。

教育学是后天的产物,中西方的教育学皆是如此。我国的教育学已经走过100多年的历程,形成了数百种教育学教材,这些教材对教育学的基本原理进行了反复的论述或论证,是我们在学习教育学过程中不可忽视的文献。对于某些经典教材,我们应该"熟读精思"。当然,这些功课需要我们在课外积极地、主动地、自觉地去完成,不能挤占正常的课堂教学时间。按照设想,"教育学基本理论专题"课程拟涵盖史学篇、概念篇、理论篇、思维篇、方法篇、本质篇、规律篇、目的篇等板块,至于每一年讲什么内容,要根据学生的实际情况而定,但有一点是相同的,即课程教学内容的选择、教学活动的组织和实施意在"引导学生走进教育学的理论世界"。

二、何以可能

"入乎其内,出乎其外,超乎其上",可谓走进教育学的理论世界。当然,这并非易事,至少需要满足某些必要条件。古人云:"千里之行,始于足下。"这是方法论,是行动指南,是前提条件。也就是说,我们可以先从一些基础工作做起,尤其是做好那些入门的功课,打好必要的基础,坚持每天进步一点点,日积月累则必有所成。对于一个人来说,最可贵的、最难的莫过于坚持。对于教育学理论研究,一旦树立了理想或目标,路再远也要坚持走下去。

(一)正确把握教育学理论的性质和功能

教育学理论的性质和功能,即教育学理论的内在规定性和外在规定性。这是一个关于教育学理论的认识问题,关乎我们如何理解教育学理论,又怎样才能走进教育学的理论世界。《辞海》对理论的解释有好几种,其中一种就是将理论视为"概念、原理的体系",亦即"系统化了的理性认识"。毫无疑问,这是一种学科语境下的"理论释义"。从性质的角度看,教育学理论作为一种教育理性认识,具有概念性、原理性、逻辑性和系统性等内在规定性。从功能的角度看,教育学理论作为一种教育理性认识,具有解释性、改造性、预测性、反思性、质疑性和批判性等外在规定性。换言之,内在规定性反映教育学理论的性质,外在规定性反映教育学理论的功能,二者同为教育学理论的判定依据,用以识别教育学理论。

(二)走进教育学理论的语言世界

如果说当今世界是一个语言的世界,那么走进这个世界就得先懂得这个世界的语言。从世界范围看,每一个国家或民族都有自己的语言,也都在用本国或本民族的语言描绘各自的对象世界,因而要走进一个国家或民族,必须先懂得这个国家或民族的语言。从学科的视角看,每一门学科也都有自己的语言,数学有数学的语言,物理学有物理学的语言,化学有化学的语言,哲学有哲学的语言,逻辑学有逻辑学的语言,教育学有教育学的语言……每一门学科也都在用自己的语言,呈现自己的对象世界,描绘自己的对象世界,诉说自己的对象世界,因而要走进一个学科,就得先走进这个学科的语言世界。比如说,如果不懂数学语言,那么能走进数学世界吗?显然不能。

同样的道理,要走进教育学这门学科,就得先走进教育学的语言世界。跨学科专业攻读教育学的研究生,多半有这样的体会,即最初阅读教育学著作比较费劲和费神,那是因为他们对教育学的话语、术语、概念等还比较陌生,至少这是重要原因之一。综上所述,要走进教育学的理论世界,只有先掌握教育学的基本术语、基本概念、基本范畴、概念体系、范畴体系、话语体系,才能把握教育学的学科体系、学术体系和理论体系,才能用教育学的语言理解教育世界乃至更为广阔的人类社会。

(三)对教育学基本理论问题不断地进行追问

教育学理论的广度和深度在追问之中,只有不断地追问,才能走进教育学常识、走出教育学常识和超越教育学常识,然后抵达教育学的理论世界。走进教育学的理论世界,尤其是教育学的理论深处,离不开"横向铺开"的追问,离不开"纵向推进"的追问,离不开"立体裂变"的追问,离不开"前后相继"的追问,离不开"辩证回旋"的追问。譬如,就理论本身而言,我们要问:理论是什么,理论具有哪些性质和功能,理论建设的路径何在;理论体系、原理体系、规律体系之间存在什么样的关系;知识体系、学科体系、学术体系、话语体系、范畴体系、概念体系之间存在什么样的关系;我们需要什么样的理论,又如何建立这样的理论。就教育理论而言,我们要问:教育理论是什么,教育理论如何发展,教育理论发展的标志是什么,教育理论发展的影响因素有哪些,教育理论发展的动力是什么,教育理论与教学理论、课程理论是什么关系。就教育而言,我们要问:什么是教育,教育是什么;教育本来是什么,教育本来不是什么;教育以什么方式存在着,又如何演变着;教育与人存在什么关系,教育与人的发展存在什么关系;教育与社会存在什么关系,教育与社会的发展存在什么关系;教育到底有多大能耐,教育的力量从何而来;教育孕生、存在、发展、壮大的充分必要条件是什么;教育是做什么的,教育应当做些什么,教育应当如何去做;教育能做些什么,教育不能做些什么;什么是理想的教育,什么是教育的理想;怎样审视昨天的教育,如何看待今天的教育和明天的教育。追问到此够了吗? 当然不够。

我们还可以也应该继续往下追问。譬如,就教育本质而言,首先我们要问,本质是什么? 教育有没有本质? 是单本质还是多本质? 教育的本质是可变的吗? 其次,我们还要问,如果说教育是一种"培养人"的社会实践活动,那么人是什么? 应该培养什么样的人? 又如何培养这样的人? 就教育要素而言,我们都知道教育者、受教育者、教育影响是教育的基本要素,也是分析教育的三个维度,但在这三大要素中,谁最为根本,谁最为重要,还是三者同为根本和同等重要。就教育功能而言,从社会、人、教育的三角互动关系去理解教育的功能够不够? 教育除了个体功能和社会功能,是否还具有自然功能? 答案是肯定的。从长远的角度看,人从自然而来,流转于社会,超归于自然,在来龙去脉里整体生成了教育的自然功能和自然教育的意义。据此而论,让学生在生态中认知自然,在生活中理解社会,在生长中延拓生命,是一种整全意义的生命教育,符合宇宙之道和生命之理,理当成为教育之元理。

经过"横向铺开、纵向推进、立体裂变、前后相继和辩证回旋"的追问,然后再求解各种教育学理论问题,就有可能找到比较全面的答案。比如,到底什么是理想的教育,抑或是我们到底需要什么样的教育? 各种教育学经典教材或教育研究成果告诉我们:理想的教育是一种促进人的全面发展和主动适应社会发展需要的教育;理想的教育是学校教育、家庭教育、社会教育统合发展以及目标、方向一致的教育，是三者整体生成的教育；理想的教育是让学生学会学习、学会做人、学会生活、学会生存的教育，是一种养成教育，是一种培养兴趣、养成习惯、磨炼意志的教育；理想的教育是一种个性发展、全面发展、辩证发展相统一的教育；理想的教育是点燃、照亮、唤醒，而不是包办、代替、束缚；理想的教育是一种身、心和灵的教育，学校、家庭和社会要为此奠基、开路、拓疆，兑现育身、育心、育灵的承诺；理想的教育要求教师"带着责任与使命走进教育，带着期望与理想走进教育，带着喜悦与幸福走进教育，带着热情与感染走进教育，带着经纶与问题走进教育，带着耕耘与播种走进教育，带着感悟与觉醒走进教育，带着智慧与生命走进教育"（张楚廷）。

当然，我们还可以从相反的方向去反思"理想的教育"或"我们需要什么样的教育"，即追问"教育不是什么"或"我们不要什么样的教育"。当今社会存在形形色色的"教育异化"现象，诸如：教师教导，学生被教导；教师主动思考，学生被动思考；教师知道所有的事，学生什么都不知道；教师说，学生温顺地听；教师定规范，学生被规范；教师做选择，学生顺从；教师教，学生经由教师的教产生各种问题；教师选择课程内容，学生被动地去适应它；教不是基于学，教法不是基于学法，"教知"不像"接枝"；教师是学习过程的主体，而学生只是客体。与此相反，卢梭一再警告我们：教育不是告知和被告知的过程，而是主动的、建设性的过程，即问题不在于教他各种学问，而在于培养他有爱好学问的兴趣，而且在这种兴趣充分增长起来的时候，教他以研究学问的方法；教师的责任不是教给学生行为的准绳，而是促使他们去发现这些准绳；问题不在于告诉学生一个真理，而在于教他们怎样去发现真理；教师的目的不是教给学生各种各样的知识，而是教他们怎样在需要的时候获得知识，是教他们准确地估计知识的价值，是教他们爱真理胜于一切；学生所知道的东西，不是由于教师的告知，而是由于他们自己的理解；不要教学生这样那样的学问，而要由他们自己去发现那些学问。如若不然，学生的学习将成为一种外在的东西，不再属于学生的生活；学生在学习中不是"肯定自己"，而是"否定自己"；学生不是自由地发挥自己的体力和智力，而是使自己的肉体受折磨、精神遭到摧残；学生的学习不再是自愿的活动，而是被迫的、强制的活动；学生不是感到幸福，而是感到不幸。显然，这不是教育的本意，也不是我们所需要的那种教育。

追问无极限，永无止境。因为问题是圈套式的，是网络状的：大问题中有小问题，小问题中还有更小的问题；问题之中有问题，问题之外也有问题；问题之间还相互交织或包含。我们只能就有关问题进行有限的发问，但要尽可能地围绕某个主题进行"横向铺开、纵向推进、立体裂变、前后相继和辩证回旋"的发问，打破砂锅问到底，问出一个"顶天立地"。当然，我们还可以进行联想或拓展式追问，比如，从对教育的追问，联想或拓展到对科学、艺术、宗教等的追问，联想或拓展到对历史、文化、语言、逻辑等的追问，联想或拓展到对真理、价值、道德、认识、实践等的追问，这会加深我们对教育的理解，因为教育与这些方面是密切相关的。此外，对于同一个问题，我们可以也需要从本体论、认识论、价值论、实践论等不同层面去追问和求解。

三、如何可能

唯物辩证法认为，外因是事物变化的条件，内因是事物变化的根据，外因通过内因而起作用。在学习这个问题上，我们始终坚信学生是内因，教师是外因；坚信教师只是一盏高悬的灯，可以照亮或指引学生前进的路，而路要靠学生自己去走。走进教育学理论世界的道路是多元的，但任何一条路都要靠学生自己去走，教师不宜代替也代替不了。在这个过程中，教师只是教育学理论与学生之间的"中介"，可以也只能做一些"辅助性"工作，即把教育学的重要理论与思想介绍、解释给学生，就此而言，教师也不是教育学理论的"新闻发言人"，即不可能客观地介绍或阐释教育学理论，因为每个人的教育实践经验和教育理论素养不同，特别是不同的教师由于身处不同的时期，具有不同的文化背景，对各种教育学理论的理解不同，教学水平和效果也会参差不齐。有种观点叫"观察渗透着理论"，事实上"理论也渗透着理论"，教师讲授各种教育学理论时难免要受到自身教育观的影响，呈现给学生的是"咀嚼"过的教育学理论，而非"原汁原味"的教育学理论。事实上，我们应该将教育学理论交给学生自己去"咀嚼"，让学生一边"咀嚼"一边享受理论的"香甜"。

（一）激发学生对教育学理论的兴趣和热情

美国人本主义教育理论流派代表人物罗杰斯曾说："什么是学习？既然教学的目的是为了促进学，那么我们首先应该问问到底什么是'学'。我对这个问题很感兴趣。我想探讨的是真正意义上的'学'，而不是将无助的个体牢牢绑在凳子上，再往他们脑子里塞满那些没有实际用处的、得不到结果的、愚蠢的、很快就会被忘记的东西。我所探讨的也是真正的学习——这种学习就是青少年在源源不断的好奇心的驱使下，不知疲倦地吸收自己听到、看到、读到的一切有意义的东西。"①言下之意，教学的目的是促进学生的"学"，教师最基本的任务就是让学生"学"，让学生满足自己的好奇心，教学应"以学生为中心"。毫无疑问，这一切都基于学生对学习的兴趣和热情。

学习需要兴趣，需要热情，而兴趣与热情是螺旋相依的。理论是抽象的，理论学习特别需要兴趣和热情。按照孙正聿先生的说法，从根本上看，走进教育学的理论世界是一个"寻找教育学理论资源→理清教育学理论框架→发现教育学理论局限→创新教育学理论思维→做出教育学理论论证→延拓教育学理论疆域→提升教育学理论境界"的过程，是一个"抓住教育学基础理论→确立教育学理论方向→开展教育学理论研究→形成教育学理论范畴→构建教育学理论体系→塑造教育学理论个性"的过程。这个过程根植于我们对教育智慧的不懈追求，根植于我们对教育学理论永不衰减的热情。

兴趣和热情是最好的老师，也是最恒久的内在驱动力。哲学家孙正聿认为，"哲学不是现成的知识，不是僵死的概念，不是刻板的教条，学习哲学不能'短训'，不能'突击'，更不能'速成'。哲学是一个熏陶的过程，体验的过程，陶冶的过程，它是人把自己培养成人（而不是'某种人'）的'终身大事'"②。因此，走进哲学"需要一种高举远慕的心态，慎思明辨的理性，体会真切的情感，执著专注的意志和洒脱通达的境界"③。这可以套用在教育学理论的学习上，即走进教育学的理论世界是一个熏陶、体验和陶冶的过程，

---

① Rogers, C. Freedom to Learn for the 80's [M]. Columbus, OH: Charles E. Merrill Publishing Company, 1983:41.

② 孙正聿.哲学通论[M].上海:复旦大学出版社,2019:15.

③ 孙正聿.哲学通论[M].上海:复旦大学出版社,2019:4.

是一个依次爬坡、跳远和跳高的过程。教育学理论不是现成的教育学知识，仅死记硬背现成的教育学理论，永远无法真正走进教育学的理论世界，更无法进行教育学理论思考并形成自己的教育智慧。学习教育学理论，不能"像某些动物，它们听见了音乐中一切的音调，但这些音调的一致性与谐和性，却没有透进它们的头脑"（黑格尔）。

教育学理论不是教育实践经验的机械堆积，也不是教育概念、教育范畴、教育原理的任意拼凑，作为"自成体系"的理论形态，教育学理论是体系化了的教育概念、教育范畴、教育原理，各种教育概念、教育范畴、教育原理之间存在内在的逻辑。从根本上看，教育学理论是由教育学理论研究者或教育学家所创造出来的理论。这意味着教育学理论研究者或教育学家必须具有独特的理论素养或哲学品质，诸如苏格拉底式的机智、亚里士多德式的渊博、笛卡尔式的怀疑、康德式的批判、黑格尔式的深刻、恩格斯式的辩证、尼采式的苦痛、弗雷格式的明晰、维特根斯坦式的锐利、卡西尔式的通达、海德格尔式的深沉……这些既是理论热情之"花"，也是理论热情之"果"。

（二）鞭策学生之学走在教师之教的前面

教学是教与学的相互作用，即教师与学生的相互作用、教师与学习材料的相互作用、学生与学习材料的相互作用、教师与教学情境的相互作用。从根本上讲，出类拔萃的学生是靠自己学会的，而不是靠教师教会的。走进教育学的理论世界，不是教师单方面的事，而是师生共同的事，但在根本上还是学生的事。真正优秀的教师的本事不在于让学生接受他的教育学观念或教育见解，而在于让学生受到他的熏陶，思想始终处于活跃的状态，自己的学永远走在教师的教的前面。厦门大学邹振东教授认为，大学有三种好教师：第一种是"递锤子"的教师，第二种是"变手指"的教师，第三种也是好教师中最好的教师，那是帮助学生"开窗子"的教师。我们认为，第一种和第二种教师都不能称为"大师"，而第三种教师也只配称作名义上的"大师"。因为真正的大师不仅会"开窗子"，而且会传授"开窗子"的原理、流程和方法；不仅是给他所教的学生"开窗子"，也给其他人"开窗子"；不仅给人的发展"开窗子"，也给国家和民族乃至整个人类社会的发展"开窗子"。一所大学,如果真的有很多"开窗子"的教师长期坚守在本科教学的讲台上,那这所大学的教育质量应该是可信的。反观之,如果一所大学没有"开窗子"的教师,或者即使有,也不在本科教学的讲台上,那这所大学的存在和发展是有风险的。更甚之,如果在一所大学的讲台上,既没有"开窗子"的教师,也鲜有"变手指"的教师,大多是"递锤子"的教师甚至连"锤子"都不会递的教师,那这样的大学就名不副实了。

也有人戏言当今社会存在这样的"四种教师":第一种是把明白人讲明白的教师,这种教师在课堂内外传授的皆是学生熟知的常识;第二种是把糊涂人讲糊涂的教师,意思是教师与学生都是糊涂人,在课堂内外都是糊涂人对糊涂人;第三种是把糊涂人讲明白的教师,这种教师是比较纯粹的知识传授者;第四种是先把糊涂人讲明白,然后又把明白人讲糊涂的教师。我们认可第四种教师,也力争成为第四种教师。一般来说,学生带着问题而来或走进课堂,这时的学生是糊涂的,教师要为之"传道、授业和解惑",使之成为明白人。当学生准备离开,或在课堂准备结束时,教师应该提出新的问题,将学生带入全新的困惑之中,让学生带着满脑子的问题离开,然后下一次学生又带着问题及其答案回来。唯有如此,学生始终处于活跃的思维状态,永远处于糊涂与明白的对话之中,永远处于学习、反思、批判和质疑之中,永远处于对智慧的追求之中。

好教学在教与学的相互作用中整体生成,即生成于教师与学生的相互作用、教师与学习材料的相互作用、学生与学习材料的相互作用、教师与情境的相互作用。单就教的方面而言,教师对于"宏观线索的勾勒,微观细节的阐述,逻辑分析的独白,讲解视角的转换,典型实例的穿插,恰到好处的板书,思想感情的交流,疑难问题的提示,人格力量的感染,理论境界的升华,所有这些必须是成竹在胸,水乳交融,挥洒自如,引人入胜"[1]。一言以蔽之,教学是教与学的一种双边关系,一种相互作用的互动活动;教学是一门科学,也是一门艺术,更是一种境界。这当中不仅蕴含一种教与学的内在逻

---

① 摘自孙正聿先生 2003 年 9 月 9 日在"首届全国高等学校教学名师奖表彰大会"上的发言"站在大学的讲台上"。——笔者注

辑,同时也包含一种对教师和学生的特别诉求。

(三)引导学生养成对照教育经验的习惯

走进教育学理论世界,需要我们有深厚的历史感、强烈的现实感、独特的体验感、广阔的视野感、严谨的逻辑感和博大的境界感,任一方面的缺失都会影响我们对教育学理论的认知和把握。其中,独特的体验感源于每个人与众不同的直接的教育经验或教育实践,这是我们形成教育智慧的独有源泉。我们需要间接的教育经验,更需要直接的教育经验。不要以为学习教育学理论与教育实践或教育经验无关,实则相反,教育感性经验越丰富,对教育学理论的理解就越深刻,创新创造教育学理论的能力就越强。

学习教育学理论不能忘了自己的教育经验,要将各种教育学理论放到自己教育经验的天平上称一称,看看与教育经验是否相符,能否经得起教育实践的检验。涂又光先生告诫学生,研究教育首先要读好、读懂和读透"自己这部书",也就是要将各种教育学理论与自己的教育经验结合起来参详。黑格尔有句哲学隐喻叫"同一句格言",即对于同一句格言,不同的人有不同的理解,同一个人在不同的时期也有不同的理解。清朝文学家张潮在《幽梦影》中写道:"少年读书如隙中窥月,中年读书如庭中望月,老年读书如台上玩月,皆以阅历之浅深,为所得之浅深耳。"对此,刘道玉先生如此释义:"少年读书如隙中窥月",意思是说少年时读书阅历尚浅,读书时就像从缝隙中窥视月亮,只是觉得好玩,还不能全面领会书中的旨趣和美妙;"中年读书如庭中望月",意思是说人到中年阅历渐深,这时候读书就像站在庭院中赏月一样,读书的主动性增强,已经能够领略书的魅力并懂得以书陶情怡性了;"老年读书如台上玩月",是说人到老年以后读书,就像站在高台上玩赏明月一般,心中毫无挂碍,有时就分不清是人在书中还是书中说的就是曾经的自己。这都表明阅历的浅与深,决定了从书中体会的浅与深。凡此种种皆启发我们,读书应将书中所写与自己的经验密切联系起来,这正是袁鼎生教授强调的"整一化阅读",即读书与生活的整一化、读书与社会的整一化、读书与文明的整一化、读书与自然的整一化。如此看来,我们不仅要"活读书",还要"读活书"。将读书与经验结合起来,不仅是"活读书",也是"读活书"。

这二者相得益彰,耦合共进。自我是一部活书,他人也是一部活书,自然、社会、文明是更大、更厚和更深刻的活书。"整一化阅读"是一种生态阅读,它所获得的心得和体会,往往更加透彻、深刻和难忘。

教育学理论必须是源于教育实践和指向教育实践的,同时又是超越教育实践的,即从经验走向超验。按照孙正聿先生的说法,教育学理论只有超越教育感觉的杂多性、教育表象的流变性、教育情感的狭隘性和教育意愿的主观性,才能全面地反映教育现实,深层地透视教育现实,理性地解释教育现实,辩证地审视教育现实,理想地引导教育现实,理智地反观教育现实,科学地改造教育现实。教育学理论作为教育现实的理想图景、思维方式、价值观念和目的性要求而存在,一方面必须源于教育实践、高于教育实践,另一方面必须服务于教育实践,力图把一种教育现实变成一种更理想的教育现实,是教育学理论的理想和承诺。教育实践不能没有教育学理论的"指导",也不能没有对教育学理论的"反驳"。一方面,教育学理论要经常反思、质疑、批判教育实践,促进教育实践不断实现自我超越;另一方面,教育学理论要经常接受教育实践的检验,并从教育实践中汲取养分,不断丰富完善自身而实现自我超越。

(四)协助学生建立系统的教育学学科意识

学科意识是一种对学科存在的主观反映,是一种对学科体系、学术体系和话语体系的整体认知,是一种对学科内在建制(诸如学科的本质、本体、本原、基础、边界、对象、价值等)和学科外在建制(诸如学科制度、学术机构、学术团体、学术期刊等)的根本性的、整体性的、格局性的、系统性的认知。可以说,学科意识是俯瞰一门学科的瞭望台,是理解一门学科的钥匙,是跨进一门学科的大门。

那么,我们应该如何树立教育学的学科意识? 首先,需要了解教育学的学科体系,即教育学由哪些子学科构成(包括教育学的分支学科、交叉学科和边缘学科),各子学科分别处于什么样的"学科生态位",在整个学科体系中具有何种"学科生态价值"。据此,学生在攻读教育学学位的过程中,才能形成"既在整体中统观局部,又在局部中窥视整体"的态势。其次,需要了解教育学的学术体系。这涉及教育学的概念体系、范畴体系、原理体系、规律体系、理论体系。再次，需要了解教育学的话语体系。不同学科有不同学科的话语体系，教育学有教育学的话语体系，这是每一个教育学理论学习者都必须熟悉的。最后，还需要了解教育学学科的发展历程和未来趋势，系统把握教育学从哪里来，走过了哪些地方，未来将奔向何方；了解古今中外教育学领域的代表人物及其研究领域、主要思想、经典著作；了解曾经出现过的以及当下存在的主要学术机构及其学术特色、学术优势和学术品牌；了解主要的教育学学术团体或学术共同体、学术期刊等。只有抓住并掌握了这些，在教育学及其理论的学习和研究中，我们才能在整体中洞见局部的学术意义，才能在总体目标的框架内推进各分目标的有效实现，才有可能避免毫无定力地、一味地追踪学术的热点和焦点而失去自我，才不会像一个四处漂泊的"学术浪子"、漫无目的的"学术旅行者"或到处采访的"学术记者"。

第二讲
教育学是什么之学

❦

面对新事物或陌生对象,我们首先是问"是什么",其次是求解"怎么样""为什么""如何办"等一系列问题,最后是追问这些问题的前提、依据、基础和支点。"是什么"是一种针对事物本质的发问,直指事物的内在规定性,即一事物区别于他事物的本质。探究任何事物,首先要弄清楚该事物是什么,这是认识事物的起点和前提。当我们在不知对象为何物的情况下,就对该对象"说三道四",是不是有些荒谬可笑?

教育学是什么之学亦即教育学是什么,是我们学习、讨论和研究教育学必须解决的"第一个难题"。说它是"第一个",是强调该问题的基础性;说它是"难题",是因为迄今尚未形成对该问题的共识性答案。我们每次讲授"教育学""教育学原理""教育基本理论专题""教育学基本理论专题"等本科生或研究生课程,都要直面"教育学是什么"或"教育学是什么之学"这一问题,这不仅仅是因为该问题很重要,还因为该问题很基础。正因为它基础且重要,所以我们就不能绕开它而走过去。

从某种意义上说,"教育学是什么之学"既是一个"元教育学"问题,也是一个"教育学史"问题。就前者而言,我们必须回答教育学的本质、本原、边界、对象、元范畴、元理论、元范式、学科体系、学术体系、话语体系等问题。就后者而言,我们唯有立足于教育学的孕育、诞生、存在和发展的全过程,方可将这个问题讲清楚、讲明白和讲透彻。常见的各种教育学教材,一般将教育学视为"一门研究教育现象和教育问题、揭示教育规律的学科"。这是一种"公式化"或"模式化"的解释,可以帮助我们理解教育学是干什么的,但并没有讲清教育学的本质和本原,也没有阐明教育学的性质和归宿,还窄化了教育学的边界和功能，因而这绝非一种本质性的解释或界定。比如说，教育学并非只是为了揭示教育规律，教育规律只是教育学的核心和支柱而已，并非教育学的全部。一般来看，教育学是关于教育的系统性学问，是系统化了的教育理性认识。

那么，教育学到底是什么之学？有人认为教育学属于人文科学（忽视了社会科学性和自然科学性），有人认为教育学属于社会科学（忽视了人文科学性和自然科学性），有人认为教育学属于人文社会科学（忽视了自然科学性）。不难看出，无论是其中的哪一种观点，无疑都忽视了教育学的自然科学属性，也忽视了教育的自然功能，即以为教育只有个体功能和社会功能。常识告诉我们，教育首先是物理的和自然的，然后才是社会的和人文的，因教育而生的教育学，无论在逻辑上还是在时间上都具有自然科学属性。总而言之，教育学是一门开放的人文—社会—自然学科（即一种"三联体"学科），兼具人文科学、社会科学和自然科学的三重学科属性。对此，我们暂不讨论和论证。这一讲主要从人学的视角，或者说立足于教育的对象是人这一观点，阐发"教育学到底是什么之学"。

我们与不少教育学者一样，始终坚信教育是人学，教育学也是人学，至少是以人学为指导或以人学为理论基础的学科。从根本上看，教育与人、教育学与人学，天然地、内在地、必然地联系在一起，这就决定了教育学具有无可争议的人学性，同时也必须以人学为基础和为指导。第一，教育从人而来，向人而去，与人同转，来龙去脉里生发了"教育的意义"和"真正意义上的人"，实现了人的"系统生成"和教育的"整体涌现"，以及人与教育的螺旋相依和互动发展。这是教育或教育学具有人学性的根源。第二，人是教育的原因，也是教育的结果；人是教育的主体，也是教育的客体；人是教育的主题，也是教育的灵魂；人是教育的价值所在，也是衡量教育价值的尺度；人是教育的元点，也是教育的回归点。这些共同构成了教育要以人为本的原因和道理。第三，人是教育的理论之源、原理之源和规律之源。教育的奥秘在于人的奥秘，破解教育的奥秘关键在于破解人的奥秘，亦即对人有什么样的认识和理解，在很大程度上规约教育的思与行。

教育是一种"培养人"的社会实践活动，认识教育必须先认识人，因为如果不认识人,就认识不了教育,更改造不了教育。关于教育的学问,必然是关于人的学问,而且必须先是关于人的学问。研究人必须走在研究教育的前面,即人学为教育学之基础。正因为如此,苏联著名教育家苏霍姆林斯基在《把整个心灵献给孩子》中旗帜鲜明地指出"教育——这首先是人学",中国著名教育家张楚廷先生认为"教育和教育学是伴随着人类的人学"[①]。总而言之,教育以培养人、发展人为目的,教育学以引领和指导教育发展为使命;教育需要人学来引领,教育学要以人学为基础;人、教育、教育学和人学螺旋相依地缠绕在一起,并在系统中互动发展和整体生成。尽管如此,教育学和人学皆有自身的对象、边界和疆域,两者并非"同质同构",不能"等量代换"。教育学根基于人学,也支撑着人学,两者之间存在交集,这个交集就是人。也就是说,教育学与人学之间不能画等号。教育学具有人学性,人学也具有教育学性,但教育学不等于人学,人学也不等于教育学。我们认为,与其纠缠于教育学与人学的区别,不如立足于二者的联系,即从人学的视角去审视"教育学是什么之学"。

一、教育学是教育之学

教育学孕生于教育,出乎于教育,超乎教育,因而也就晚生于教育。没有教育,就不会有教育学,没有教育的发展需要,也就不会有教育学。当然,有了教育以及教育的发展需要,也未必有教育学。事实也是如此。自有人类,便有教育。而教育学只是 17 世纪的产物,1632 年夸美纽斯的《大教学论》被视为教育学的开端。以此为起点,教育学的历史迄今也不足 400 年。对比之下,教育学要比教育"年轻"得多,而且还不只是一点点,如果说教育是耄耋之年的老人,教育学充其量也就是婴儿。

教育学因教育而诞生,因教育而存在,因教育而发展;教育学是教育发展到一定阶段的产物,是教育需要刺激下的理论成果或精神产物。教育学的孕育、诞生、存在和发展,也是为了教育,为了认识和改造教育。从生发时序上看,教育是一种后天的事实,教育学则是一种"再后天"的事实,集中表

---

① 张楚廷.教育学是什么科学[J].当代教育论坛,2016(3):120-124.

征为一种概念化的、原理化的、逻辑化的、系统化的"教育理论集合体"。作为一种特殊的理论形态,教育学以教育规律体系为本质和支柱。可以说,没有建立起教育规律体系的教育学,不仅难以获得应有的尊重,而且还会遭遇这样或那样的合法性危机。概而言之,揭示教育规律是教育学的基本责任和核心使命;教育学一方面是人类认识教育世界和改造教育世界的产物,另一方面又以认识和改造教育世界为终极关怀和理想彼岸;没有教育就没有教育学,也没有生发教育学的意义和价值,即教育学的意义和价值在认识和改造教育世界中释放和彰显。

教育是孕生教育学的土壤,也是教育学发展的动力。教育越发展,教育问题越多,改造教育的经验越丰富,就越能刺激教育学的发展、壮大和成熟。教育与教育学犹如河流之两岸,两者之间既存在"对生"关系,也存在"竞生"关系,还存在"依生"关系。"两岸青山相对出"可谓教育与教育学之关系的写照。站在历史的长河中看,教育和教育学相互作用、相互成就、相互制约;教育学的发展与教育的发展存在相应的函数关系,后者是自变量,前者是因变量;二者之间或许不是线性正相关,但至少是密切相关,当今世界之教育学研究领先国家,与教育发达国家存在某种契合。

综上所述,理解教育学必须从它的源头,即教育说起。从词语组合来看,教育是"教"和"育"的复合体,教育学以"教"和"育"为服务对象,可谓一种关于"教"和"育"的学问。在此意义上,教育学既是教之学,也是育之学,还是教与育的辩证综合之学。教育学指引教书和育人,也在"教书"与"育人"互动发展的圈行环进中旋升。"教书"与"育人"像 DNA 分子那样螺旋相依,耦合共进,并驾齐驱,成就教育学的丰富、发展和成熟。马克思主义认为,理论源于实践,高于实践,又指导实践。教育学源于教的实践,源于学的实践,源于育的实践,离开了教、育和学,教育学就是无源之水、无本之木。从本质上看,教育学实乃"广义教育综合理论",囊括一切教育或广义教育的基本原理。易言之,如果只有教的理论,那是教学论;如果只有学的理论,那是学习论;如果只有育的理论,那是德育论。鉴于教育学的广义性和包容性,一部教育学著作是无法囊括所有的教育理论的,只能聚焦于阐发教育的一般原理,亦即我们常说的"教育学原理"。当然,教育学原理可以是一门课程,也可以是教育学一级学科下的一个二级学科。在我国的学科专业目录中,教育学原理就是一个二级学科,如今我们称之为"研究方向"。作为一个研究方向,教育学原理位列 15 个研究方向之首,足见其基础性和重要性。

教育学是一种关于教育的系统性学问,不理解教育就无法建构、丰富和发展教育学。教育从人而来,向人而去,与人同转,但并非人人都懂教育,都理解教育,都愿为教育做点实实在在的事情。教育在人中,人在教育中,但未必人人都想走进教育,愿意走进教育,能够走进教育。教育很复杂,它如同"达·芬奇密码",亦可谓"千古之谜",以前没有人就"教育是什么"给出过令人信服的标准答案,以后恐怕也不会有人给出答案,是谓"前无古人,后无来者"。如此看来,"来者"也难了却"古人"之夙愿了。或许,这正是教育的魅力所在,它吸引我们不断去探索。教育是神秘的,也因神秘而令人向往;教师是伟大的,也因伟大而责任重大;教师因教育的神秘而伟大,也因教育的责任重大而伟大。教师是幸福的,因桃李满天下而幸福,用孟子的话说,"得天下英才而教育之,三乐也"(《孟子·尽心章句上·第二十节》)。这也是"教育"一词的最初来源。那么,何为教?何为育?《说文解字》的解释是:"教,上所施下所效也。""育,养子使作善也。"不难看出,在古代汉语中,"教"和"育"是泾渭分明的。教是教,育是育,教育是教育,三者相互关联,但又相互区别。今天,教育一般被视为"教"和"育"的"合金",常用"教书育人"来作注解。其中,教书是手段,育人是目的。从中可以看出,教与育密切关联,但二者不对等也不对称:教是教育之手段,育是教育之目的;教是教育之末,育是教育之本;教侧重于外铄,育侧重于内省。但是,不管怎么说,教育的秘密既在于教,也在于育,还在于教与育的耦合共生。教之有方,育之有道,教育方成。

教与育是教育的一体两面,二者相辅相成、不可或缺、不可偏废。长期以来,教育界存在一种"教"代替或挤压"育"的倾向,这是一种异化的教育,即教育异化为一种纯粹的"教",失去了"育"的底色;教育异化为教师的"独角戏",学生异化为知识的"接收器";教育异化为一种"工业生产",缺乏一种"农育过程"。杜威认为,"教育即生长""教育即生活""教育即经验的改造"。生长、生活或经验的改造是一个自主完成的过程,别人代替不了,也不能代替。首先,生长是自我生长,不能越俎代庖。教师不能代替学生生长,家长不能代替孩子生长,长辈不能代替晚辈生长。其次,生活是自己的生活,教师不能代替学生去生活。最后,经验的改造是自己去改造,教师不能走进学生的经验世界去改造学生的经验。我们要坚信出类拔萃的学生是自己学会的,而不是别人教会的。教师只是一盏高悬的灯,可以照亮学生前进的方向和前进的路,但路要靠学生自己去选择,也要靠学生自己去走,教师不该代替学生,不能代替学生,也代替不了学生。

每个人的发展都是一种基于自己的发展。教育不能无视学生的兴趣,相反,要重视学生的兴趣,更重要的是尊重学生的兴趣并发展学生的兴趣。兴趣是最好的老师,也是最恒久、最长效的老师。激发学生自我发展的积极性是培养学生的关键,教育首先要解决学生的内生动力问题,解决学生的主观能动性问题,解决学生的积极性问题。一粒种子之所以能够长成参天大树,根本上源于其内在的生长力量,这是必要条件,否则,阳光、水分、温度、土壤等也无用武之地。人的发展也是如此。人的发展是多因素共同作用的结果,遗传、环境、教育起着不可替代的作用,但人的主观能动性才是人发展的内因,在人的发展中起着决定性作用。解决了学生的内生动力问题,学校、家庭、社会接下来要做的就是为学生提供适宜的"阳光""水分"和"土壤",让学生在良好的环境中自我生长,长成"参天大树"。教师不能直接将知识、能力和素养直接转移给学生,师父将百年功力直接传给弟子只是武侠小说里的故事,现实的教育世界没有这种传奇,出类拔萃的学生终究是自己学会的,而非别人教会的。教育学要从根本上回答这些问题。从大的方面说,研究教育现象和教育问题,揭示教育规律,寻找有效教育的原理、方法和路径,是教育学的责任、使命和目标。

教育学是教书育人之学,是为学为人之学,是教育之学。教育学的核心是阐明教育之道,其中,教有教之道,育有育之道,教之道与育之道互为表里、相互倚辅、相得益彰。教与育不可偏废,教书与育人不可偏废,为学与为人不可偏废,二者辩证统一以成就真正的教育,同时也辩证统一地验证教育学。教育是实践的,是权变的,是艺术的,是智慧的,教育学当与之正向匹配,为教育扫清认识上的障碍,而不是与之背道而驰。

二、教育学是成长之学

成人与成才共同构成人的"成长"。在这一意义上,教育学是"成人"之学,也是"成才"之学,还是"成长之学"。成人是要成为整全的人、完整的人、全面协调发展的人,成才是要成为某类专门人才或学有专长的人才。成人是根本,是方向,是目标;成才是条件,是路径,是手段;偏离了成人,成才会异化,会失去航向;离开了成才,成人会空洞,会缺乏基础。人在成人中成才,在成才中成人,在成事、成物中成人、成才,在成人、成才中推进成事、成物,最终实现自己的升华和超越。教育学作为指导教育实践的理论和学问,有责任、有义务、有使命去探明成人和成才之道,阐明成人和成才之理,揭示成人和成才之律,引导教育造就"完人"和"某类人"。

人永远在成长路上,永远是未完成性的存在,永远在完成与完美之间。每个人都是活到老学到老,也都是学到老活到老。成人是一辈子的事情,成才也是一辈子的事情,成长亦是一辈子的事情。因此,教育永远在路上,教育学也永远在路上。教育因人而生发,人因教育而升华,人与教育同转,二者在互动发展中彰显和发挥彼此的意义和价值。教育在一定的场域中生发,不同场域的教育具有不同的成长意义。家庭教育有家庭教育的成长意义,学校教育有学校教育的成长意义,社会教育有社会教育的成长意义,三者相互作用、相互影响、相互反馈,却不能相互替代,它们各自有其不可替代的生态价值。纯粹的家庭教育、学校教育、社会教育的作用都是有限的,没有万能的家庭教育、学校教育和社会教育,没有一劳永逸的家庭教育、学校教育和社会教育,没有绝对完美的家庭教育、学校教育和社会教育。家庭教育、学校教育和社会教育都不是终结性教育,尤其不能将学校教育看成终结性教育,更不能将学校教育看成教育的终结。教育或学习是一辈子的事情,一切教育都是过程性的,绝非一次性完成的。这是理解教育的"基本法则",不可违背。

教育即成长,成长即人生,人生即教育,这是"教育—成长—人生"的互动与对话。据此,"教育是为未来的生活做准备"的思想或说法值得我们反思、质疑和批判。一方面,教育要为未来的生活做准备;另一方面,教育又不能只是为未来的生活做准备。从某种意义上说,"教育为未来的生活做准备"主要是一个"成才"的问题,尤其是一个成为"某类人才"的问题,或多或少存在忽视"成人"的嫌疑。教育可以为未来的生活做准备,但一刻也不能将"人成其所是"搁浅,离开了成人的教育是异化了的教育,是本末倒置的教育。我们之所以倡导素质教育而批判应试教育,主要是因为应试教育只是"为考试做准备"或"为升学做准备",甚至在某种程度上连"为未来生活做准备"也未能实现,更遑论"教育即成长,成长即人生,人生即教育"了。俗话说,"没有分数现在不行,只有分数未来不行"。我们不能只有分数和现在,还必须有素质和未来。教育为未来的生活做准备,在某种意义上,是以今天的生活换取未来的生活,是以今天的成长换取未来的成长,是以今天的人生换取未来的人生。教育即生活,教育即成长,教育即人生;反之亦然。人必须活在当下,教育必须观照当下,舍弃今天而换取明天,不是教育的本意,不能作为教育的选择。教育理当是愉快的、幸福的和充实的,我们必须告别"学生像苦行僧"的教育时代,让快乐学习、幸福学习成为教育的选择。

教育即成长,意味着教育学必须揭示人的成长规律,引导教育遵循人的成长规律,否则,就算不上真正的教育学,还会遭受合法性危机、认同危机和信任危机。当然,我们也要看到,教育学不是万能之学,不能回答教育的一切问题,甚至在回答某些教育问题时都存在困难,尤其是人的发展规律或成长规律的探寻与发现,不是教育学一门学科可以单独做到的,需要生理学、心理学、解剖学、脑科学、思维科学、医学、社会学、哲学等学科的协同合作和共同参与。长期以来,不少学科对教育或教育学的意义被忽视了,譬如哲学,它对教育或教育学的意义没有得到足够的重视,我们通常只看到了哲学的认识论和方法论意义,没有充分认识到哲学的人学意义。当然,人学也没有得到足够的重视,这与人学本身还未得到充分发展有关。

哲学是教育学的生发基础,无论是传统教育学还是现代教育学都根植于某种哲学。哲学乃智慧之学,是爱智慧或对智慧的追求,而智慧自然是人的智慧,因而哲学与人绝对脱不了干系。人是哲学的主题之一,即"哲学是对于宇宙与人生的批判的综合理论"①,没有人的哲学是不综合的哲学,充其量是自然哲学。哲学是教育学的学科基础,赫尔巴特的传统教育学主要是以哲学(主要是伦理学)和心理学为基础而建立起来的。事实上,人学也是教育学生发的基础,这与人学成熟与否无关。哲学具有人学性,但哲学不等于人学,也代替不了人学。具体而言,"从世界观层面上说,哲学是以人为中心的世界观理论;从人学观层面上说,人学就是哲学视野中人自身的理论,或者说是关于人自身的一般本性的理论。因此,既不能撇开人、撇开人的活动来理解哲学世界观,也不能否认或消解哲学的世界观本性,把哲学归结为人学。"②人是哲学与人学的交汇点,也是哲学与教育学的交汇点,还是哲学、人学和教育学的交汇点。人划定了哲学、人学、教育学的某种边界,也规约了哲学、人学、教育学的某种属性。哲学撇开了人就成了自然哲学,人学撇开了人就不是人学,教育学撇开了人就不再是教育学。教育学、哲学和人学是螺旋相依的,三者以人为主轴而同旋共转,正如在太阳系中的八大行星既自转又围绕太阳公转。

三、教育学是生命之学

人是一种智慧生命,而且是地球上独一无二的智慧生命。人是一个生命体,人的存在首先是一种生命的存在,然后才是智慧的存在。没有生命的存在,离开或偏离了生命,人的发展和教育的生发就无从说起。生命是人的存在与发展的前提和基础,也是教育的出发点和归宿。教育指向人的生命,教育学也必须指向人的生命。教育学首先要认识教育世界,然后要改造教育世界,而改造教育世界是为了让人获得知识、形成智慧、明白事理、理解生活、开显人生和延拓生命,即延拓生命是教育的回归点。

教育是生命的,是通过生命的,是通向生命的,是为生命的。教育学是教育的,是通过教育的,是通向教育的,是为教育的,因而也是生命的,也是通过生命的,也是通向生命的,也是为生命的。中国教育学界存在一种"土

---

① 张栗原.教育哲学[M].福州:福建教育出版社,2008:5.
② 陶富源.哲学、人学与人[J].哲学研究,2003(11):19-24.

生土长"的生命教育论。当代中国著名教育家张楚廷先生是生命教育论、生命教育学和生命教育哲学的倡导者,他对美国学者布鲁贝克的认识论高等教育哲学和政治论高等教育哲学进行了深刻的反思、质疑和批判。"生命·实践教育学派"的开创者叶澜先生,特别强调"教育的生命基础",认为"人的生命是教育的基石,生命是教育学思考的原点。在一定意义上,教育是直面人的生命、通过人的生命、为了人的生命质量的提高而进行的社会活动,是以人为本的社会中最体现生命关怀的一种事业";"教育学的原点是对'生命的体悟',教育学必须有对生命的体悟,这种体悟甚至可以称得上是教育学研究的前提"。① 毫无疑问,对生命的体悟也是对人的体悟,对人的体悟离不开对生命的体悟。

　　教育必须直面人的生命、延拓人的生命、升华人的生命,因为生命是教育价值之本源,也是人类一切价值之本源。我们常说"身体健康最重要",这当中自然包含"生命最重要"。苏联作家尼古拉·奥斯特洛夫斯基的长篇小说《钢铁是怎样炼成的》的主人公保尔·柯察金如是说:"人最宝贵的东西是生命,生命属于人只有一次,人的一生应当这样度过:当他回首往事的时候,他不因虚度年华而悔恨,也不因碌碌无为而羞愧。在他临死的时候,他能够这样说:我的整个生命和全部精力,都献给了世界上最壮丽的事业——为人类的解放而斗争。"人的生命只有一次,但人的生命不只有"一种",存在肉体生命和精神生命之分,而精神生命又包括价值生命、意义生命和道德生命。人的肉体生命是有限的,但人的精神生命可以无限,可以超越时空的限制而延拓到遥远的未来。教育只能有限地延长人的肉体生命,却可以无限地延长人的精神生命。中国古代先贤认为,立德、立功和立言是延长人的精神生命的主要方式,而立言又是其中最恒久的方式。教育与生命相互倚辅,生命价值是教育的基础性价值,教育的价值在于释放人的生命价值。教育具有提升人的生命价值和创造人的精神生命的意义,尤其是对生命潜能的开发和发展需要的满足,具有不可替代的作用,可谓"生命构成了教育的

---

① 本刊记者.为"生命·实践教育学派"的创建而努力——叶澜教授访谈录[J].教育研究,2004(2):33-37.

基础性价值"①。

　　人的一生到底应该怎样度过？这既是一个人生问题，也是一个教育问题，还是一个教育学问题。教人如何成人和成才是教育的本分和使命，而直面、延拓和升华人的生命是教育的终极关怀。其中，延拓和升华人的生命就是让人的生命更加丰富多彩，让人的生命发光发热，让人的生命永恒。教育不能只有"教书"而无"育人"，不能只有僵化的"知识"而无鲜活的"生命"。教育者必须把教育对象当成真正的生命体而非知识"接收器"，教育学必须关注人的生命的成长与发展。从根本上看，以人为本就是以人的发展为本，尤其是以人的生命的延拓和升华为本。教育引导人成为人，引导人走向生命自觉，即自觉其为生命。"人成为人是一个自我觉醒的过程。'生命自觉'主要表现为个体对生命自身的自我认识、自我反省和自我追求。'教天地人事，育生命自觉'是生命·实践教育学派对'教育是什么'的中国式表达。其中'生命自觉'是指教育对于个体生命的最高价值，它是人精神力量的内在成长，它是经历漫长过程后的境界达成。"②"生命觉醒"跃迁而至"生命自觉"，"生命自觉"继续攀升而至"人生自觉"。人生自觉了，生命也就自觉了；生命自觉了，人生也同样自觉了；人生自觉与生命自觉在螺旋相依中进阶和升华。

　　人的一生不能没有教育，教育也不能没有人的介入。人在教育中，教育在人中。教育因人生而发光，人生因教育而生辉。人与教育在互动中整体生成人的生命，也整体生成教育的价值。人从自然而来，流转于社会，超归于自然，来龙去脉里整体生成生命的意义；教育从人而来，向人而去，与人同转，来龙去脉里整体生成教育的意义和真正的人，实现了人与教育的整体生发。凭此可说，在生态中认知自然，在生活中理解社会，在生长中延拓生命，是谓教育之元理，亦是人生发展的规程与范式。

---

　　① 本刊记者.为"生命·实践教育学派"的创建而努力——叶澜教授访谈录[J].教育研究，2004(2)：33-37.

　　② 周敏."生命自觉"的教育学意蕴[J].内蒙古师范大学学报(教育科学版)，2017(9)：12-15.

四、教育学是境界之学

人不能没有境界,学科也不能没有境界。当然,学科的境界在根本上还是人的境界。事实上,不同的学科在追求不同的境界,这种追求主要体现在对相应领域之"是"的追求上,亦即对必然性或规律性的追求上。对此,当代中国生态美学家袁鼎生教授认为,"科学学科,含一切自然科学与社会科学,探求世界的本然之是。人文学科,在本然之是的基础上,求索应然之是,有浓郁的希冀与理想的意味,有造梦的色彩。管理学科,遵循本然之是和应然之是,追求必须之是,形成了以规律和理想为依据的规范、规则、规定、规章、规程、制度、条例系统。技术学科,遵照本然之是,统筹兼顾应然之是和须然之是,探求了最佳之是。在技术学科的各种方案与模型中,最后选定者,最具精然之是,当是各种价值与效能的最佳中和,最优集合。哲学学科,汇通上述诸学科之是,提升上述诸是,成统然之是,进而成通然之是,最后成超然之是"①。

教育学要有大境界,这源于其所求之"是"的内在要求,更源于人要有大境界和教育要有大境界。教育学因教育而存在,而教育又因人而存在;教育学孕育于教育,生发于人的探索与建构。因此,教育学的境界又与教育的境界、人的境界内在关联且密不可分,即后者有境界了,前者方有境界。教育的境界是人的境界的投射或反映,教育学及其著作的境界反映的是著作者的境界。

教育学自诞生以来,持续遭受质疑和诘难,地位颇为尴尬。哈佛大学教育研究生院第五任院长拉格曼认为,美国当代的教育研究是一门"捉摸不定"的科学,美国当代的教育研究的历史是一段"困扰不断"的往事,而"低下的社会地位极大地影响了困扰不断的教育研究历史的发展"②。我国著名教育学研究专家扈中平教授认为,教育学自成为一门学科以来,始终在持续不断的困扰和烦恼中吃力地挣扎着,其学科地位颇为尴尬,甚至有些狼狈。这种状况不仅存在于中国,而且是一个世界性的现象。"教育学的存在

① 袁鼎生,袁开源.范式整生论[M].北京:科学出版社,2021:2.
② 埃伦·康德利夫·拉格曼.一门捉摸不定的科学:困扰不断的教育研究的历史[M].花海燕,等,译.北京:教育科学出版社,2006:8-9.

岌岌可危。在学科内,它被视作是无知的,在应对社会之诉求上,它被指责为无用。而学科及社会的巨大进展,明示着缓缓而行的教育学的无望未来。但这是对教育学的根本误解。"①我们认为,教育学的尊贵地位要靠教育学自己去争取,即通过提高认识和改造教育的能力谋求自身的地位。

漫步于广域的学科森林可以发现,教育学不是高耸入云的"参天大树",没有"鹤立鸡群"的骄傲,没有"万绿丛中一点红"的显眼,可谓一门平凡的学科。对于教育学的平凡,用钱钟书先生在《围城》中的话说,"在大学里,理科学生瞧不起文科学生,外国语文系学生瞧不起中国文学系学生,中国文学系学生瞧不起哲学系学生,哲学系学生瞧不起社会学系学生,社会学系学生瞧不起教育系学生,教育系学生没有谁可以给他们瞧不起了,只能瞧不起本系的先生"。一直以来,"有些人因钱钟书作为一个名人之言,而把这句话当作'名言'来批评'教育学家',并似乎因此而可以否定'教育学家'的价值,这多少有些天真"②。同样,因钱钟书之言而否定"教育学"的价值也多少有些天真。辩证地看,钱先生所列的一连串的"瞧不起"的背后,一方面的确映射着"教育学地位的尴尬",另一方面也着实暗含着"教育学本来就没有瞧不起谁"或"根本不会瞧不起谁"的崇高境界。经典的教育学和教育工作者皆有这样的信念:每个人都是可塑的、可教的和可发展的,而且每个人都有每个人的天赋和潜能,教师的责任就是最大限度地发现每个人的天赋和潜能,尽可能地尊重和释放每个人的天赋和潜能。"本来就没有瞧不起谁"是一种境界,"根本不会瞧不起谁"也是一种境界,这是教师的境界,也是教育的境界,还是教育学的境界。

教育学是境界之学,也是陶冶教育境界之学。当今社会,教育学既是"作为教师"的必修课,也是"成为教师"的必修课。韩愈在《师说》的开篇如是说:"师者,所以传道受业解惑也。"那么,教师到底如何才能完成这些使命、践行自己的职责?教育学必须着力于回答这些问题,也必须以回答这些问题为责任、使命和承诺。无论把教育学看成一门"学科"还是一门"艺

---

①　刘通,扈中平.论教育学的本源性危机[J].教育研究与实验,2017(3):12-18.

②　本刊记者.为"生命·实践教育学派"的创建而努力——叶澜教授访谈录[J].教育研究,2004(2):33-37.

术"，解答"如何传道、授业、解惑"以及揭示教育规律都是教育学的责任、使命和承诺。研习教育学的目的是从中找寻为教之道、为学之道、为师之道和学问之道。当然，教育学不是万能的，学了教育学不一定就明了教育之道，也不一定能够走进教育世界。教育是实践的，理解教育离不开"做中学"，参悟教育也离不开"做中学"，每个人的教育风格、教育艺术和教育智慧在教育实践中孕育、生成和发展。教师是在教育中学会教育、在教学中学会教学、在管理中学会管理的；学生是在学习中学会学习、在研究中学会研究、在生活中学会生活的。简而言之，人是在做人中学会做人、在成事中学会成长，是谓"与人为人，以事成事"。

教育学的境界根植于教育的境界，因而要加强教育实践探索，教育学研究者要走进教育现场，书斋里出不了真正的教育学，只能出"想当然"的教育学。教育要有理想，也要有境界，而且有了理想才会有境界。叶澜教授认为，"教育的理想与境界仿佛是一座高山，在攀登者最初登山的时候，遭遇了许多的困惑、嘲讽和质疑，声音嘈杂刺耳，且不去管它，只管往上攀登，在攀登的过程中，这种不和谐的声音可能会愈加密集，但攀登者只管往上走，集聚其全部的生命能量。愈往上走，那种声音就愈听不到了，等攀登者听不到它的时候，他可能是到了山顶了"①。教育学研究也不能没有理想和境界，特别是不能没有大理想和大境界。

教育和教育学都是境界之学，二者共鸣和共振。云南大学的董云川教授写过一篇随笔——《教育学，想说爱你不容易》，感言"教育学是'高尚之学'——够不着，高不可攀""教育学是'平淡之学'——少惊喜，润物无声""教育学是'尴尬之学'——参不透，左右为难"②。高尚之学也罢，平淡之学也罢，尴尬之学也罢，想说爱你不容易也罢，阐发的无一不是教育学的境界。

大境界是一种大胸怀，达到大境界要靠长期修炼。大境界是思想的境界，更是行动的境界，我们不能做"思想上的巨人，行动上的矮子"。大连理工大学张德祥教授常说："与坚持一样，境界之差是人与人之间最大的差距，

---

① 本刊记者.为"生命·实践教育学派"的创建而努力——叶澜教授访谈录[J].教育研究，2004(2):33-37.

② 董云川.教育学，想说爱你不容易[J].大学(学术版),2013(9):88-91.

也是人与人之间最难缩小的差距。"客观地说,要成为一个有思想、有能力的人不容易,而要成为一个有境界的人就更难了。如果说前者为数不多,那么后者就是寥寥无几。从根本上看,或许是因为"境界,想说爱你不容易",所以"教育学,想说爱你不容易"。

第三讲
教育为何要以人为本

教育是育人的,是为人的,是属人的。以人为本是教育之承诺,是教育之根基,是教育之航向,是教育之灵魂,是教育之理念。作为一种教育理念,以人为本早已以这样或那样的方式渗透于各级各类教育政策、教育制度、教育规章之中,但我们也发现这些主张以人为本的教育政策、教育制度、教育规章在贯彻落实过程中经常遭遇这样或那样的误读,这意味着或反映出"教育为何要以人为本"并非一个无需赘述的问题。简言之,我们非常有必要从根本上探明和讲清"教育为何要以人为本"的道理,进而倡导以人为本的教育政策、教育制度和教育规章,扫清认识、思想和行动上的障碍,促进以人为本之理念在教育中落地生根和开花结果。

一、人是教育的原因和结果

人与教育皆是后天的产物,两者在系统关联中互动存在。一方面,教育是人类的伟大创造,属于人类的特殊专利;另一方面,人类也是教育的伟大产物,可谓教育的特有结晶。自有人类,便有教育;没有人类,便没有教育;没有教育,便没有真正的人类。有一种理论认为,教育是一种在人类社会范围以外,远在人类出现之前就已产生的社会现象,大动物对小动物的爱护和照顾便是教育行为,昆虫界也有教师与学生,生存竞争和天性本能是教育的基础。动物正是基于生存与繁衍的天性本能才把"知识"与"技能"传授给幼小的动物,这种行为就是教育的最初形式与发端,后来的人类教育不过是继承了动物界业已存在的教育形式,使其获得了新的性质而已。^① 我们坚信,在人类产生之前,不存在真正意义上的教育,将动物的本能模仿等同于教育是对教育及其起源的误解,也是对作为万物之灵的人的一种"贬低"。人类与教育内在关联,教育与人类密不可分,两者互生共长、相互成就、互为条件、互为因果。教育因人而诞生、存在和发展,而人因为教育而成为人,成为真正意义上的人,即人是教育的原因,也是教育的结果。

人与教育是一个"关系共同体",两者在特定的互动关系中"相互定义",即离开了人无法真正地定义教育,离开了教育也无法真正地定义人。简言之,人是教育的"创生者",也是教育的"创生物"。人的诞生、存在和发展与教育的诞生、存在和发展,在系统中相互作用、相互影响、相互形塑和整体生成。教育将人从动物中解放出来而成为万物之灵,同时也通过解放人而获得尊贵的地位。人从动物进化而来,但又区别于一般的动物。从根本上看,理性、精神、思想、意识、语言、文字以及相应的社会和文化是人区别于动物的标志,而这些无一不是根植于教育,又无一不是教育的结果。亚里士多德认为,"动物生来自然具有感觉,它们中有一些从感觉得到了记忆,有些则没有。由于这个缘故,那些有记忆的动物就比不能记忆的动物更聪明,更善于学习……只有那些不但有记忆而且有这种感觉的动物才能学习。那些靠表象和记忆生活的动物,很少会有经验,惟有人类才凭技术和推理生活"^②。技术和推理属于理性的范畴,同时也是一种理性力量。这种理性力量孕生于教育,孕生于人类对知识的探求、掌握和内化,孕生于人类长期的社会实践。人在求知中不断获得理性力量,同时通过求知从动物中解放出来而成为真正的智慧生命。求知是人类的天性,而且是人类独有的天性。对未知事物的好奇,驱动人类去探究事物的奥秘。教育为人类好奇心的满足创造了条件,同时通过对好奇心的不断满足而使人成为有理性的人。人经由教育,实现从"自然人"到"社会人"、从"潜在的劳动力"到"现实的劳动力"的伟大转变。人创造了教育,同时接受教育。人经由教育,超越了纯粹

① 胡德海.教育起源问题刍议[J].华东师范大学学报(教育科学版),1985(2):67-74.
② 亚里士多德.形而上学[M].苗力田,译.北京:中国人民大学出版社,2003:1.

的物质生命,创造了属于人的意义生命、价值生命和道德生命。康德认为,"人只有通过教育才能成为人。除了教育从他身上所造就出的东西外,他什么也不是"①。教育是人成为人的唯一途径,也是人发展的主渠道。与此同时,教育的背后"存在着关于人类天性之完满性的伟大秘密……人的天性将通过教育而越来越好地得到发展,而且人们可以使教育更具有一种合乎人性的形式,这为我们展示了一种未来的、更加幸福的人类的前景"②。言下之意,教育释放了人的天性尤其是求知的天性,同时让人走向幸福成为可能。

人创造教育,教育造就人,两者相互成就。教育对于人的意义是特殊而重大的,人经由教育而"在一定程度上已经超越了遗传物质的制约"③,而一般动物因不能受教育而永远摆脱不了遗传物质的束缚。正因为教育对于人的意义特殊而重大,所以人创造教育的根本目的不是别的东西,而是人自身的发展。或许有人会认为,人创造教育的目的是社会的发展,但社会发展的最终目的无疑也是人的发展。因此,教育必须将人置于核心地位和中心地带,必须以人的发展为导向,必须聚焦于人的成长和发展,必须走出"人学空场"的困境。

二、人是教育的主体和客体

教育是人的教育,是人在教育人,是人在被教育。教育是"受过教育的人"教育"被教育的人",用康德的话说,"人只有通过人,通过同样是受过教育的人,才能被教育"④。我们应该坚信也必须坚信,"教育是以人为对象,它是人与人之间的一个过程,是人们认识生活和生活实践的工具,是人通过有目的的活动来促进与影响人的成长和发展的社会实践形式"⑤。世人已经形成共识:人既是教育者,也是受教育者;人既是教育的剧作者,也是教育

① 伊曼努尔·康德.论教育学[M].赵鹏,译.上海:上海人民出版社,2005:5.
② 伊曼努尔·康德.论教育学[M].赵鹏,译.上海:上海人民出版社,2005:5-6.
③ 项贤明.教育与人的发展新论[J].教育研究,2005(5):9-14.
④ 伊曼努尔·康德.论教育学[M].赵鹏,译.上海:上海人民出版社,2005:5.
⑤ 胡德海.教育起源问题刍议[J].华东师范大学学报(教育科学版),1985(2):67-74.

的剧中人；人既是教育的生成者，也是教育的生成物。

人在教育中，教育在人中。人在教育中成长，教育在人中发展。人与教育构成一个首尾相连的超循环的闭环，人在教育的两端，教育亦在人的两端。教育链与人链的相互衔接，显示了教育关系的特殊本质，即教育关系是一种"人与人"而非"人与物"或"物与物"之间的关系，一种以教育影响为中介或桥梁的人与人之间的关系。从这个意义上说，教育理当是一种平等的对话和沟通，教师与学生之间不应是单向度的接受与被接受、改造与被改造、教育与被教育的关系，而应是互生共长、相互依存、相互教育的关系。每个人在教育中都扮演着主体和客体的双重角色，而且这两种角色可以随时切换，也应该随时切换。用《论语》的话说，"三人行，必有我师焉；择其善者而从之，其不善者而改之"。没有绝对的教师，也没有绝对的学生，教师与学生经常互为师生。《学记》有云："学然后知不足，教然后知困。知不足，然后能自反也；知困，然后能自强也。故曰：教学相长也。"教学相长是师生交互学习、互动发展的产物，其间蕴含着师生角色互换的真谛，体现了"人既是施教者又是受教者"，以及"人是教育的主体和客体"的观点。教学相长已经成为人们普遍遵循的一条教学原则，"一切认真教学的教师和认真学习的学生，都是自觉或不自觉地在教学相长中提高的。这是在古今中外的教学中都客观存在着的颠扑不破的真理"[1]。

站在历史的长河中看，教师主要扮演教育者的角色，学生主要扮演受教育者的角色，但这种"主要扮演"并不等于教师和学生的角色是固定不变的"铁板一块"。《师说》有云："生乎吾前，其闻道也固先乎吾，吾从而师之；生乎吾后，其闻道也亦先乎吾，吾从而师之。吾师道也，夫庸知其年之先后生于吾乎？是故无贵无贱，无长无少，道之所存，师之所存也。"即便身处师生等级森严和特别讲究师道尊严的封建社会，韩愈依然洞见了教师"既是施教者又是受教者"、学生"既是受教者又是施教者"的事实。遗憾的是，在当下的教育教学中存在"主客二重性分离"的问题，集中表现为教师在教学中"唱独角戏"或"搞一言堂"，填鸭式或灌输式教学盛行；学生被视为知识的

---

[1]　董远骞.教学原理和方法[M].北京：人民教育出版社，1985：159.

被动接受者,作为知识的"接收器"而存在。教师绞尽脑汁将知识灌输给学生,教学异化为教师与学生之间纯粹知识的传播与记忆,教学中"只见知识不见人",知识的传授等于教育的全部,教育或教学失去了应有的互动性和整全性,异化为制造现代化的"知识机器"而非塑造"全面发展的个体"。

教育是"教"与"育"的融合,纯粹的知识传授只是局部地扮演了"教"的角色,永远替代不了"育"的角色。教育虽可谓一种生产,但这种生产不是"人生产物"而是"人生产人",而且是一种双向的人与人的"相互生产",绝非单向的人生产或加工物质产品。从某种意义上说,教育是一种以知识为基本加工材料的生产,但知识的选择、传播、加工、生产、应用等,最终必须转化为人的思维、理性和智慧,必须转化为人的理性能力和本质力量。也只有在这个意义上才可以说,"知识就是力量",即知识只有被人掌握才能成为一种力量,没有被人掌握的知识只是一种"知识"。

三、人是教育的主题和灵魂

教育的根本是培养人,因而人是教育的"唯一主题",这如同一部电视剧只有一首"主题歌"。教育以人为起点,以人为根基,以人为标准,以人为航向,以人为旨归,以人为运转的轴心。教育的目的是发展人,发展人的潜能或可发展性。人之所以创造教育,是为了人自身的发展,此外的一切都是教育的派生物。马克思主义认为,人是社会的人,社会是人的社会。从这个意义上说,教育要促进社会的发展也要促进人的发展,但归根结底要促进人的发展,因为社会的发展,也是为了人的发展。对此,胡德海教授如是说:"人之所以为人,就是因为他与自然界和社会有一定的实践关系。他通过自己的活动改变了自然界和社会,并使这种改造的结果,又回到人这个主体自身,从而成为社会历史的主人。"[1]教育理当持守"人本位",而非"社本位",也非其他的"某本位"。当然,"人本位"不等于"个人本位",更不等于"个人主义"。坚持"人本位"是坚持以人的发展为导向,即教育要促进人的个性发展,促进人的全面自由发展,促进人的辩证发展,最终形成整全的社会化

---

① 胡德海.教育起源问题刍议[J].华东师范大学学报(教育科学版),1985(2):67-74.

的人。人是教育的目的，教育只有服务于人的存在，满足人的发展需求，才能让教育散发出理性的光辉并实现教育自身的价值。

　　人是教育的灵魂，教育也必须触动人的灵魂。没有人的教育，是没有灵魂的教育。教育的意义在于发展人，在于发展社会和自然，而发展了的社会和自然，反过来又发展人和教育。从人的发展看，教育让人不断获得新的生命，不断按美的规律塑造自己，形成全新的智慧生命、意义生命、价值生命和道德生命，最终获得全面的解放和自由，而不是像动物那样，只限于一种纯粹的新陈代谢式的"维持"，只限于简单的身体或物质层面的"更新"。如前文所述，教育是人的教育，一切教育最终是为了人的发展。那么，人到底应该发展什么，人到底应该怎样发展，教育到底应该如何促进人的发展？不回答这些问题，人不知何去何从，教育也不知何去何从。因为人的发展方向决定教育的行动方向，而教育的行动方向又决定着教育的选择。那么，人究竟应该如何发展？过去，曾有过"个性发展"与"全面发展"的论争，最终形成了"全面发展与个性发展内在统一""全面发展与个性发展相结合"的基本认知。文新华认为，"全面发展是指培养受教育者在德、智、体等方面都得到发展。个性发展是指个体在需求、生活习惯、性格、能力、兴趣、价值观念等方面形成稳定的心理特征。全面发展不是全才发展，不影响个性发展。全面发展与个性发展之间在逻辑和哲学上不是对立关系，而是辩证统一的关系：全面发展是个性发展的基础与前提，个性发展是在全面发展基础上的选择性发展"①。张楚廷先生认为，"全面发展的'全面'主要不是一个量的概念。全面发展的实质是个性发展。全面发展关注体现全面的基本方面而非一切方面"②。全面发展与个性发展并不相互排斥或对立，两者存在内在的统一性和一定程度的同质同构性，即真正的全面发展是个性化的全面发展，真正的个性发展是全面的个性发展。用英国哲学家约翰·密尔的话说，"人性不是一架机器，不能按照一个模型铸造出来……它毋宁像一棵树，需要生

---

　　①　文新华.论人的全面发展与个性发展——兼论创新人才的培养[J].华东师范大学学报（教育科学版），2004（1）：7-13.

　　②　张楚廷.全面发展实质即个性发展——重温马克思全面发展学说的启示[J].北京大学教育评论，2004（2）：70-74.

长并从各个方面发展起来"①。

　　谋求个性发展是人的特权和天性,促进人全面发展是教育乃至社会的责任、义务和使命。裴斯泰洛齐认为,"教育的唯一目的就是要协调地发展那些由于受到上帝的恩赐而构成其人格的才能和素质"②,"孤立地只考虑发展任何一种才能(头脑或心灵或手),都将损害和毁坏人的天性的均衡"③。每个人都有权全面发展自己,社会理当"使社会的每一个成员都能完全自由地发展和发挥他的全部才能和力量"④,释放每一个人的潜能和本质力量。马克思、恩格斯认为,人的全面发展以个体占有、释放和解放自己的本质为出发点和归宿,本质上是个体向完整的人发展,使人作为一个完人而存在,充分释放人的各方面的潜能和力量。换言之,人的全面发展并非使人成为一个无所不能的万能之人,而是使人在各方面得到充分或最大限度的发展。全面发展只是一个相对的概念,强调人的发展由片面的畸形发展到全面的协调发展,是理解全面发展的关键。"如果对'全面发展'理解不当,以为'全面发展'就是'面面俱到'和无所不能,的确就很容易导致'全面平庸',但真正的'全面发展'所追求的恰恰是个性和卓越。"⑤如果强调人的面面俱到而忽视了人的个性发展,那么所有人最终就是一个样子,即世人诟病的"千人一面"。这是每个人乃至整个社会的"不幸",自然也是教育的"不该"。

　　个性发展与全面发展的内在统一启示我们:人理当辩证地发展,教育理当促进人实现"辩证发展"⑥。辩证发展是宇宙大道,是万事万物的运行发展规律。宇宙世界总是辩证地生成着、存在着、发展着、转化着和消逝着。作为宇宙世界最伟大的生命存在,作为一个矛盾的对立统一体,人是有限与无限、相对与绝对、感性与理性、未知与已知、自由与必然、束缚与解放、思维与行动、物质与精神、生理与心理、自然与社会、主体与客体、生与死等的统

---

① 约翰·密尔.论自由[M].许宝骙,译.北京:商务印书馆,1959:70.
② 裴斯泰洛齐.裴斯泰洛齐教育论著选[M].夏之莲,等译.北京:人民教育出版社,2001:298.
③ 裴斯泰洛齐.裴斯泰洛齐教育论著选[M].夏之莲,等译.北京:人民教育出版社,2001:426.
④ 马克思恩格斯全集(第42卷)[M].北京:人民出版社,1979:373.
⑤ 扈中平."人的全面发展"内涵新析[J].教育研究,2005(5):3-8.
⑥ 李泉鹰.高等教育哲学论[M].北京:中国社会科学出版社,2019:68.

一体,这些对立的双方总是在人身上辩证地生成着、存在着、发展着、转化着和消逝着。发展人就是要辩证地发展这些存在于人身上的对立统一体,一旦它们扩充了、生长了、平衡了、对称了、比例适中了、和谐了、全面了,人也就发展好了。人的个性发展一定是辩证的个性发展,人的全面发展一定是辩证的全面发展,人的自由发展一定是辩证的自由发展。没有全面发展为根基的个性发展或自由发展,失去个性发展或自由发展的全面发展,皆是畸形的个性发展、自由发展和全面发展,更是一种异化的人的发展。这也是人的辩证发展的真谛。

四、人是教育的价值与尺度

教育具有个体价值和社会价值,即教育与人、教育与社会相互作用过程中表现出来的两大"关系属性"——价值作为一种关系范畴而存在。这是教育学经典著作立足于教育与人的发展、教育与社会的发展而得出的基本结论,被视为教育有效性或合法性的基本判据。与此相应的,"关于教育和人的发展关系的规律"和"关于教育与社会发展关系的规律"被潘懋元先生确证为"教育内外部关系规律",用以衡量教育行动或教育决策的科学性与合理性。

立足于人与社会的辩证关系,考察教育的价值是科学的。但我们要充分认识到,教育对于社会的终极价值最终归属于人的存在与意义。因此,我们必须深刻地认识到"人的生命是教育的基石"[①],教育的根本意义在于改变人的生命,尤其是延拓人的意义生命、价值生命、道德生命和精神生命。教育正是借助"个人的存在将个体带入全体之中"[②],进而实现教育的社会价值。从根本上说,教育的价值在于人的价值,且由人的价值来决定的。人是教育价值的根源所在,也是教育的深层次的价值所在。但是,长期以来,"由于各种原因而出现了把教育的出发点置于政治统治和经济发展之中,而

---

① 本刊记者.为"生命·实践教育学派"的创建而努力——叶澜教授访谈录[J].教育研究,2004(2):33-37.

② 雅斯贝尔斯.什么是教育[M].邹进,译.北京:生活·读书·新知三联书店,1991:54.

唯独不是从人的自由与创造的角度来思考教育和发展教育的问题"①。教育的伟大之处在于以人为主题、为核心、为灵魂,"忘记了人,就会把教育看走样。我们常说教育伟大,可是,教育之伟大来源于人之伟大。而且,教育之伟大惟有在它能使人更伟大之时才能更明显地显示出来"②。

教育评价应以人的发展或教育的内在价值为尺度,不论教育的外在价值如何显著,都无法对教育做出全面的和根本性的评价,教育的内在价值才是衡量教育价值的根本依据。目前,教育界对"金课"和"水课"的讨论颇多,提出了见仁见智的"金课"或"水课"的判定标准。从根本上看,课堂教学是教师与学生共同学习、共同成长和共同发展的互塑过程,是一个"学生自学—生生互学—师生共学"的有机统一过程。从这个意义上说,师生发展水平是课堂教学效果的主要观测点,也是"金课"或"水课"的主要判据。真正的"金课"一定是学生学有所用、学有所得和学有所获以及教师教有所用、教有所得和教有所获的课,师生通过课堂教学共同获得了发展,实现了真正的教学相长。师生发展水平高意味着课堂教学质量高,师生发展水平低意味着课堂教学质量低或这种课是"水课"。

总而言之,教育始终要围绕"人到底该如何发展"和"社会究竟需要怎样的人"而展开。"人到底该如何发展"是根本的,但受"社会究竟需要怎样的人"的影响;"社会究竟需要怎样的人"是重要的,但受"人到底该如何发展"的规约。教育既要适应人的全面发展需要,也要适应社会发展需要。这是教育发展的基本规律,也是教育发展的基本遵循。基于此,我们需要什么样的教育就有了基本方向。那么,到底如何抉择? 这需要因时制宜、因地制宜,亦即根据时空背景做出判断,因为任何人都是特定时空下的人,任何社会都是特定时空下的社会,任何教育都是特定时空下的教育。

---

① 伍雪辉,张艳辉.论人的本质及教育的本源、属性和出发点——基于 M.兰德曼的《哲学人类学》的思考[J].教育探索,2010(8):3-5.
② 张楚廷.新世纪:教育与人[J].高等教育研究,2001(1):23-28.

五、人是教育的元点和回归点

教育从人而来,向人而去,与人同转。其间蕴含着"人是教育的元点,也是教育的回归点"的深意。教育是一种"从人出发又回到人"的循环过程,教育因这种超循环或周行不殆而生生不息。教育从人出发,不管走多远,也不管绕多远,最终必须回到人。这是教育的铁律,也是教育的总纲。

那么,教育到底从人的哪里出发,又到底回到人的哪里?我们认为,教育从人的本质、本性、自由、天性、天赋、个性、需要等出发,然后又回到人的本质、本性、自由、天性、天赋、个性、需要等,即以正确的方式"先发现而后释放"人的本质、本性、自由、天性、天赋、个性、需要等。为了不陷入空谈,我们不妨以人性和天赋为例,简单加以阐释(在后文,我们还会以专题的形式阐述)。

教育根植于人性,又发展人性。人性与教育是教育研究领域的古老话题,也是教育学领域的永恒话题。那么,人性是什么?人性乃人之为人的属性。马克思主义认为,"人性是人的自然属性和社会属性的统一,它不是抽象的,而是现实的、具体的,具有历史性。一定的社会关系是形成人性的决定性因素。它在历史上是不断演变的,而'整个历史也无非是人类本性的不断改变而已'。在阶级社会里,人性往往打上阶级的烙印"①。英国哲学家大卫·休谟认为,"一切科学对于人性总是或多或少地有些关系,任何学科不论似乎与人性离得多远,他们总是会通过这样或那样的途径回到人性"②。据此可断定,人性具有特定的结构性、整全性、辩证性和统一性;人性是一切科学的元点和回归点。教育根植于人性,"由人性需要转化而成的教育需要和价值,本身就是教育得以发生和发展的最基本的内驱力"③。教育必须尊重人的本性,并以此为基础实现各种超越。"教育就是让人'成其所是',发展人的自然属性中的本能性与能动性、社会属性中的自主性与自为性以及精神属性中的创造性与超越性。面对人的动物性,人性需要社会性和精神性的超越,以避免在存在论意义上异化为物性,在道德意义上堕落

① 辞海[M].上海:上海辞书出版社,2009:3258.
② 大卫·休谟.人性论[M].关文运,译.北京:商务印书馆,1980:6-7.
③ 肖绍明,扈中平.教育何以复归人性[J].高等教育研究,2010(6):25-32.

为兽性。面对人的精神性需要,人性需要有意识地超越有限理性存在,在行动中感悟到人的每一个行为的无限意义。"①教育使人"成其所是"正是顺应人性。人是自然属性与社会属性的辩证统一,教育一方面不能抹杀人的自然属性,另一方面又要发展人的社会属性。教育不是单纯的园丁式的精心栽培,而是尊重人性之结构性、整全性、辩证性和统一性的自我生成。

教育生发于人的天赋,又释放人的天赋。教育必须从人的天赋出发,又回到人的天赋。理想的教育不是别的东西,而是发现人的天赋、尊重人的天赋和释放人的天赋。无视人的天赋的教育,是将人培养成"别人"而非他"自己"。康德认为:"人类应该将其人性之全部自然禀赋,通过自己的努力逐步从自身中发挥出来。"②"人性中有很多胚胎,我们现在要做的是让自然禀赋均衡地发展出来,让人性从胚胎状态展开,使人达到其本质规定。"③教育是"人性从胚胎状态而达到人的本质规定"的最好催化剂和根本原动力,理当为人性的发展奠基,为人的秉性与天赋的释放铺路。事实上,正如雅斯贝尔斯所言:"教育只能根据人的天分和可能性来促使人的发展,教育不能改变人生而具有的本质,但是没有一个人能认识到自己天分中沉睡的可能性。"④一句话,教育不能存在人的"天赋空场",更不能"心中无人"或"目中无人"。

①　肖绍明,扈中平.教育何以复归人性[J].高等教育研究,2010(6):25-32.
②　伊曼努尔·康德.论教育学[M].赵鹏,译.上海:上海人民出版社,2005:3.
③　伊曼努尔·康德.论教育学[M].赵鹏,译.上海:上海人民出版社,2005:6.
④　雅斯贝尔斯.什么是教育[M].邹进,译.生活·读书·新知三联书店,1991:65.

第四讲
教育如何以人为本

教育从人而来，向人而去，与人同转。人的奥秘是教育的奥秘所在，探明教育的奥秘关键在于探明人的奥秘。从人自身去求解教育，是解密教育的根本所在。从根本上说，一部教育史就是一部教育与人的关系史，就是一部人类按照人的理想人格改造教育的历史。因此，教育不能"人空场"，也不可"人学空场"。这意味着从人学视角来追问"教育如何以人为本"是一种务本的追问、必需的追问、终极的追问。教育当以人为元点、轴心和回归点，以自我塑造、谋求幸福、丰实灵魂、升华境界、延拓生命为责任、使命、目标、承诺和担当。无论时空如何变化，这一点永存不变，也永恒不变。

一、引导学生去自我塑造

首先，人具有未完成性、开放性和无限可能性，每个人都有改变和塑造自己的能力。其次，教育根本上是"为了人"的一种社会实践，为了培养人、发展人、塑造人，以及释放人自我塑造的潜质和能力。张楚廷先生认为，"为了人"的教育过程可划分为两个阶段：一是教育"让人像人"，即帮助人实现从"自然人"到"社会人"的转变，使人从一个"自然实体"成长为一个"社会实体"，具备基本的认知能力和必要的支撑认知、形成和发展素质的非认知能力。这是人之所以为人而非动物的重要"分水岭"。二是教育"让人更像人"，即让一个个活生生的"社会人"或"社会实体"变得更有知识、更有能力、更有智慧、更有思想、更有格局、更有高度、更有视野、更有境界，完成一系列"更"的升华和超越。从一种粗糙的、单调的、低水平的生命状态，跃迁和进化至一种更精致、更丰实、更高层次的生命状态。在"为了人"的教育过程中,外在力量固然是不可或缺的因素,否则受教育者会像"无头的苍蝇"一般"乱撞",四处碰壁且不得要领。然而亦要看到,培养人、发展人、塑造人表现为手段与目的的统一,在短时间内是目的,而长久来说,皆是释放人自我塑造的手段,正可谓"教是为了不教"。无论是教育"让人像人",还是教育"让人更像人",二者的实现及其带来的教育之世代延续和生生不息,都扎根于"人能以自己作为自己意识和意志的对象",并且"通过这种对象性活动来发展自身,增长自身",是一种"可以获得新生命的生命"①。张楚廷先生将此概括为人的"自反性"和"自增性"。在此意义上,教育的过程即可看作人通过"自反"来实现"自增"的过程,亦即受教育者自我塑造的过程。

人的自反性和自增性,肯定了个体天赋潜能的存在,同时指明了通过教育途径开发天赋潜能和实现自我塑造的基本理路。具体而言,人都是在外力的助推下自我生成、自我生长、自我完善和自我超越的,任何人都不能代替谁去完成这些。在教育中,学生并不是教育影响的被动接收者或消极承受者,之所以时常称之为"受教育者",乃是出于同"教育者"的指称对应的考虑。相反,他们必须自己去"解构",自己去"建构",在解构与建构的超循环中实现螺旋式发展,完成从"像人"到"更像人"的飞跃,在"成人"的基础上追求"成完人""成大才"等更高层次的目标。在真善美的价值规约下,每个学生都可以且应当遵从自身的天赋潜能成长为其所希望的样子,形成和发展独立的自我、真实的自我,成为"本人"而非"他人",成为"真人"而非"假面之人",尽显个性化的迷人光彩。当然,这一切都必须在"成事"中完成,因为人只能在成事中获得成长。在成事中,成己、成人和成才方有所凭、有所依、有所靠。

学生好比一粒蕴含无限潜能的种子,而教师乃至教育要做的,是为之提供阳光、水分、温度、土壤等适宜生长的条件,使之长成参天大树并结出累累硕果。这意味着教师与学生的双重解放,意味着教育要将自主探索的选择权重新交付给学生,意味着教师只是"领进门"而"修行在个人",意味着师

---

① 辛继湘.为了人的教育——张楚廷先生人本教育思想探析[J].高等教育研究,2007(8):27-32.

生之间要建立起一种平等的对话与沟通关系,教师不能异化为工匠,学生也不能异化为被雕刻的原材料。在实现受教育者自我塑造的教育中,学校也要摆正定位,一方面,为学生的成长和自我塑造创建平台,为他们自主选择、自由思考、自觉探求、自我决断以及独立地反思、质疑和批判营造环境,而非千方百计地提供现成的、完整的知识,或者将大部分的教育时间单一地困于课堂之上、囿于教师的学术领地之中,让学生如"傀儡"一般按照预设好的轨道一路前行。因为"轨道式教育"会带来整齐划一、千人一面的消极结果,将教育异化为一种模式化、技术化、程序化、量产式的"流水"作业,使本应该与众不同、丰富多彩的人生简化和扭曲为"轨道式人生"。另一方面,学校亦非"规训场",为此,学校要禁止权力以"伪善面孔"隐藏在任何一个角落,杜绝权力以形形色色的样态影响任何一名学生。

二、成就学生去谋求幸福

教育以谋求幸福为基本目的,也以谋求幸福作为开显生命的重要手段。19世纪俄国教育家乌申斯基就曾说过,"教育的主要目的在于使学生获得幸福,不能为任何不相干的利益而牺牲这种幸福,这一点当然是无需置疑的"①。在今天,一方面,为了幸福的教育依旧是理论界"历经岁月荡涤而传之不朽"的声音,正如有学者所言,"从最美好和最深刻的意义上说,所有的教育都应当是幸福教育"②。教育理当指向人的幸福,也必须为人谋幸福。一切以牺牲人的幸福为代价的教育都是彻头彻尾失败的教育,无论它给予了人多少知识或技能。另一方面,现实中的教育被不同程度地演变为一份"苦差"。很多时候,非但对提高学生的幸福感鲜有裨益,甚至还生出一些"副作用",有损学生的健康,伤害学生的心灵。这样的教育隐藏着价值观念的偏颇和背离。正如马克斯·舍勒(Max Scheler)所指出的那样,当今"价值

---

① 乌申斯基.乌申斯基教育文选[M].郑文樾,编选.张佩珍,冯天向,郑文樾,译.北京:人民教育出版社,1991:213.
② 孟建伟.教育与幸福——关于幸福教育的哲学思考[J].教育研究,2010(2):28-33.

序列最为深刻的转化是生命价值隶属于有用价值"①。这并非一种健康的、合理的、正义的转化,教育须改变这一谬见。站在生命价值的高度,教育绝不能"幸福空场",幸福空场的教育一定不是好的教育,更遑论人民满意或社会赞许的教育;站在生命价值的高度,教育要全面服务于人的幸福,着力于拓宽人的幸福道路,提升人的幸福感,延长人的幸福生命。

　　人的幸福有理性幸福和感性幸福之分,二者相互区别又内在联系,相互对立又辩证统一,这源自人本身既是理性的又是感性的。理性幸福和感性幸福的来源渠道不尽相同,各自需要付出的努力和汗水也存在出入。相比之下,前者要比后者艰辛和复杂得多。细言之,人的理性幸福主要孕生于人的完美性与达到它的可能性之间距离的缩短,孕生于人之生命的整全、人之精神世界的丰实以及人之理性价值的实现,孕生于自我的觉醒、依赖性的减退、审美能力的递增、本质力量的释放。"大多数人的所作所为,以及对逆境的忍受,背后秘而不宣的动机其实都是为了获取幸福、保有幸福、找回幸福"②,这里所体现的即为理性幸福。某学生为了"拿下"即将到来的考试,"忍痛割爱"而挥别费时而无用的娱乐,最终获得傲人之绩,由此带来的满足和欣喜同样是理性幸福的例证。感性幸福则主要孕生于可见的、可感的直接刺激以及生理和心理的快感,而非灵魂的丰实、价值的实现、信仰的尊重。如饥肠辘辘之人突然获得一块面包,栉风沐雨之人来到一处屋檐,阔别故乡的游子归来时的喜悦,久经阴霾的天空乍晴时的欢愉,以及物质或言语的奖励带给人的直接慰藉等。理性幸福不否定感性幸福,二者并不矛盾、冲突,反而内在统一、相得益彰。无数的人生体验告诉我们:象征感性的激情一旦衰减或消退,理性的动力将随之弱化或萎靡;理性一旦缺失,感性也会信马由缰而迷失方向。为此,教育在鼓励和引导学生追寻理性幸福的同时,切不可忽视甚至打压感性幸福的激发与催化作用,而要使学生从理性和感性两个维度都能体会幸福。一方面,学生自当发展扎实的学术能力,产出丰硕的

---

　　① 马克斯·舍勒.价值的颠覆[M].罗悌伦,林克,曹卫东,译.北京:生活·读书·新知三联书店,1997:141.

　　② William James. Varieties of Religious Experience: A Study in Human Nature [M]. Landon: Routledge,2002:66.

学术成果,但背后绝不能是巨大的"生命阴影""快乐缺失"或"意义迷茫",理当是灿烂的阳光、漫溢的幸福、激情的岁月。幸福源自真实的生活世界,而生活世界绝不是纯粹理性主义的,因为纯粹的理性主义违背人性的生成性、辩证性和完整性,是桎梏人的巨大"囚笼"或"镣铐",由其支配的教育必是一种异己力量,只能造就畸形的个体。另一方面,幸福不等于轻松或休闲,教育也绝非越感性越幸福,简单的轻松愉快带来的幸福是肤浅的幸福、消磨意志的幸福、可能让人失去大好前程或发展空间的幸福。教育要让学生学会抵制当下之安逸或快乐的诱惑,而通过付出永不满足的劳动和智慧抵达幸福的彼岸。

幸福是教育的永恒主题,也是教育理论研究的永恒主题。我们可以且需要在教育系统之中遵循教育的一般规律、吸收一切有价值的教育理论或教育思想的营养,譬如生命教育、生活教育、情感教育、快乐教育、闲暇教育、通识教育、赏识教育、超越教育等的营养。它们立足于不同的角度或视域,从不同的维度洞见了人的自然性、社会性、生成性、存在性、实践性和整全性等特征,隐藏着通往幸福的教育路径。教育可以从中探寻"幸福生发"的理论依据,探索"幸福空场"的规避策略。

三、唤醒学生去丰实灵魂

"人是一棵会思想的苇草",这是帕斯卡尔的著名论断,脍炙人口且广为流传。人有思想、有灵魂,而人的思想和灵魂源自教育,并非无源之水、无本之木。教育是一项灵魂工程,用雅斯贝尔斯的话说,"教育是人的灵魂的教育,而非理智知识和认识的堆集"[①];教师则是人类灵魂的工程师,自然也是学生灵魂的工程师。这是教育的本相和真谛。人不能没有灵魂,教育不能缺少灵魂,学校也不能追求那种"失去灵魂的卓越"。从某种程度上说,"学生"只是一个"称呼"或"名字"——那些接受学校教育的人所共享的一个"称呼"或"名字",它本身是符号的、抽象的和空洞的,若不填充名副其实的灵魂,则无异于"空空的皮囊"。灵魂的核心是内涵,即内在涵养。在此意义

① 雅斯贝尔斯.什么是教育[M].邹进,译.北京:生活·读书·新知三联书店,1991:4.

上，丰富和充实灵魂，亦即发展个体的内在涵养。

长期以来，教育界存在一种"唯智主义"，即唯知识、唯理性至上，似乎除了这二者，教育别无其他。固然，人类在历史长河中创造了许多不可磨灭的美好东西，熟知、洞悉乃至记忆这些东西是每个人最重要、最基本的内涵，但这并非内涵的全部。人的内涵是一种综合性、系统性的内在涵养，这意味着教育必须塑造"完人"或"整全之人"。由此，单纯的知识教育或专业教育是不完整的，只会造就擅长考试的"伪人才"和某一领域的专才或某类人才。钱穆先生曾经有言，仅仅注重"智识之传授"的教育只能培养出"不通之愚人"，"一切智识与学问之背后，必须有一如人类生命活的存在。否则智识仅如登记上账薄，学问只求训练成机械，毁人以为学，则人道楛而世道之忧无穷矣"①。怀特海也指出，"我们的目标是，要塑造既有广泛的文化修养又在某个特殊方面有专业知识的人才，他们的专业知识可以给他们进步、腾飞的基础，而他们所具有的广泛的文化，使他们有哲学般深邃，又如艺术般高雅"②。爱因斯坦于 1952 年应《纽约时报》教育编辑请求而写的一份声明当中亦曾这样告诫我们："用专业知识教育人是不够的，通过专业教育，他可以成为一种有用的机器，但是不能成为一个和谐发展的人。要使学生对价值有所理解并产生热烈感情，那是最基本的。他必须获得对美和道德上的善有鲜明的辨别力。否则，他——连同他的专业知识——就更像一只受过很好训练的狗，而不像一个和谐发展的人。"③

人是一种整全性的存在，是一种集自然性与社会性、肉体与灵魂、感性与理性、情欲与理智等多重矛盾关系于一身的统一体。教育理当尊重、呵护、捍卫人的整体性、统一性和辩证性，否则人就不能称为完全意义上的人。尤其是灵魂的贫瘠或缺失，关系到人的失落、瓦解，以及整全性、统一性的破坏。没有灵魂的躯体，无异于行尸走肉。

学生灵魂的填充和丰实是多渠道和多途径的，而有些渠道或途径尤为

---

① 魏兆铎.钱穆论中国大学教育之目标[J].华东师范大学学报(教育科学版)，2014(4):118-123.

② 怀特海.教育的目的[M].庄莲平，王立中，译.上海:文汇出版社,2012:1.

③ 爱因斯坦文集(第三卷)[M].许良英，赵中立，张宜三，编译.北京:商务印书馆,1979:310.

重要和关键。目前来看,最需要重视的是师生之间的平等对话与沟通,即师生需要从单向的"独白式说教"步入双向的"对话式交流",邀请对方走进自己的内心世界和灵魂深处。倘若如此,将意味着"学生的教师"或"教师的学生"成为历史,取而代之的是"学生式教师"或"教师式学生"。即"通过对话,学生的老师和老师的学生之类的概念不复存在,一个新名词产生了,即作为老师的学生或作为学生的老师。在对话过程中,教师的身份持续发生变化,时而作为一个教师,时而成为一个与学生一样聆听教诲的求知者,学生也是如此。他们共同对求知过程负责"①。教育从"单向度理性塑造人"转向"双向互动实践生成人",让学生在师生平等对话与沟通中生成自我,在自主行动与探索中创造自我。

总而言之,教育并不只是单纯的知识或专业教育,灵魂的塑造也绝非僵硬的说教和听从就能够实现的。教育必须以丰富人的生活世界和生存本真为根本,在师生的双向奔赴中走出外在化和空心化的窠臼。强行"灌注"的专业教育或知识技能教育,只能给学生体内装上一堆没有温度的"知识石块",且常因"食而不化"或"缺乏关联"而不时撞在一起嘎嘎作响,如同练武之人多种无法兼容的"真气"在体内乱窜和涌动,不仅于灵魂和涵养无益,甚至会导致学生"走火入魔"。

四、照亮学生去升华境界

境界无处不在,无时不在,无事不在。大境界惠泽整个人生,不仅关乎个人的快乐和幸福,也关系到周围人的快乐和幸福。大境界是一种觉悟和修为,也是一种正能量和积极力。自古以来,不乏有思想、有能力、有作为者,然而有大境界者寥若晨星,或许是因为境界之差实乃人与人之间最大的差距。

人要有境界,每个人都应为有境界之人。人生之路漫长而修远,而且不断变化、曲折多变,绝非一条行云流水、无往不利的坦途。在人生这条路上,

---

① 保罗·弗莱雷.被压迫者教育学[M].顾建新,赵友华,何曙荣,译.上海:华东师范大学出版社,2001:80.

每个人都不会一条直道、平道、宽道走到头,难免要遇到林林总总的拐点、岔路和磕绊,做出这样或那样的选择和行动,踏上形形色色的征程和道途。这些路有时直,有时弯;有时宽,有时窄;有时顺畅,有时受阻。我们每个人有时走在林荫大道上,有时步入田间小径中,有时踏上崎岖山路,有时又会误入那泥泞不堪、步履艰难的穷途和险途……而且,何时启程又何时结束,往往非人力所能完全掌控。正可谓"欲渡黄河冰塞川,将登太行雪满山",人生"多歧路"!但是,这并不意味着人就无可作为,只要有"长风破浪会有时,直挂云帆济沧海"的勇气和魄力,"一路风景一路歌"的安之若素和处变不惊,林荫大道或田间小径自有它的春阳如沐、微风习习,而崎岖山路甚至所谓的"穷途末路"也可能"峰回路转",在"山重水复"中邂逅"柳暗花明"。如果我们理解生命的意义、悟得生命的真谛,歧路也有别样的收获与风景。无论走在什么样的路上,学会体验、品尝、欣赏和享受才是"真理":在直时体悟直,在弯时欣赏弯;在宽时感受宽,在窄时体验窄;在受阻时经受逆境的洗礼,在顺畅时享受遂愿的幸福。正如赫拉克利特在论证辩证法时所言,"结合物是既完整又不完整,既协调又不协调,既和谐又不和谐,从一切产生出一,从一产生出一切"①。面对生活世界,我们当把完整与不完整、协调与不协调、和谐与不和谐等"相反的东西结合在一起",用"不同的音调造成最美的和谐",在生活这台钢琴上演奏出不同音调的和谐曲或同一首歌的变奏曲。这就是一种高境界,是"一个人在其人生历程中,心灵总体存在的状态和水平……是人性所能达致的高度和人自由本质力量的集中体现"②。教育理当为这种高境界的达致开道、铺路和奠基。

蒙培元先生曾言,"中国传统哲学都是人生境界之学"③。在此背景或语境下,我们可以且需要借鉴其中的优秀思想,返本开新,为新时代的"境界教育"提供养料。其中,特别需要指出的是冯友兰先生的"四境界说"(即自然境界、功利境界、道德境界、天地境界),其分别从生物本能、物质利己、社

① 北京大学哲学系外国哲学教研室.西方哲学原著选读(下卷)[M].北京:商务印书馆,1999:23-24.
② 郝永刚.人生境界论[M].上海:上海社会科学院出版社,2012:18.
③ 蒙培元.心灵超越与境界[M].北京:人民出版社,2005:23.

会利他、宇宙觉解的范畴理解和探求人生的意义与价值。虽然有学者认为该理论存在"根本性迷失",即"由于主观觉解支撑起的境界实质上只是一种虚无的心灵体验,从而造成了主体内在精神境界与客观人生实践的脱节;由于冯氏对理、道体及宇宙等范畴中人性道德内涵的彻底抽空,又导致了其本体与境界的完全断裂"①,但不能否认,它对于形塑当代人的心灵境界仍有不容小觑的指导性。在当代语境下,我们认为,胸怀、责任感和使命感当属境界的要义,也是孕育境界的土壤,甚至与境界具有"同质性"和"同构性"。三者之中,胸怀与具有宇宙人生觉解、自诩"宇宙一分子"的天地境界相通,责任感和使命感则内含社会性和利他性的道德意味。三者皆存在层次之分,大胸怀、强烈的责任感和使命感是大境界。对此,联合国教科文组织出版的《反思教育:向"全球共同利益"的理念转变?》一书指出:我们生活在一个多变、复杂和矛盾的世界里,脆弱性、不平等、排斥和暴力现象时而上演,全球变暖、环境退化和自然灾害事件频发,国际人权框架的落实和保护举步维艰,文化和宗教不宽容、基于身份的政治鼓动和冲突也是方兴未艾。面对这些困难和挑战,人类之间需要对话,需要秉承人文主义教育观和发展观,立足于尊重生命和人格尊严、权利平等、社会正义、文化多样性、国际团结以及为可持续的未来分担责任,并将教育和知识视为"全球共同利益"而非"全球公共利益"。这无疑是对"何为大胸怀、强烈的责任感和使命感"的最好诠释,暗含着为"人类命运共同体"构建服务的大境界。

五、点燃学生去延拓生命

人是自然的存在,也是超自然的存在,还是生命之长度、宽度和高度相统一的整体性存在。人的生命只有一次,但并非只有"一种"。有人将生命划分为"自在生命和自为生命"②,有人则将生命划分为"自然生命、精神生命、价值生命和智慧生命"③,还有人将生命划分为"自然生命、精神生命和

① 邓联合,徐建科.论冯友兰的人生境界理论[J].学海,2005(3):112-117.
② 李颖.生命教育理念的前提反思[J].东北师大学报(哲学社会科学版),2011(6):164-169.
③ 刘济良.生命教育论[M].北京:中国社会科学出版社,2004:71.

社会生命"①。

延拓生命是每个人的夙愿。生命之长并非只是长寿,延拓生命也并非只是延拓寿命,意义与价值才是生命的底蕴;身体的死亡不是生命的结束,被遗忘才是生命的终止。人的一生是一个从"作为人"到"成为人"的过程,一个生命绽放的过程,一个实现人生价值的过程,一个"向生而生"的过程。人的生命意义正是源自这种"成人、生命绽放和人生价值"的实现,这也是生命延拓的要义。学生是一个发展中的人,一个完整的、具有独立意义且尚未完全"长成"的人,更需要通过教育向着未来延拓生命,不断解构与建构自我,不断实现自身的意义与价值。

生命的延拓要求每个人都要遵从自己的内心,活出个性、底色和精彩,否则全人类的解放、自由和幸福就是一句空话。世界万物都是个性化的,世界也因为万物的个性化而多姿多彩,因为万物的多姿多彩而魅力无穷,因为万物的多样化而维持健旺的生命力。自然世界是多样化的,人类社会也需要多样化,人类社会的多样化又根源于人的个性化。为了实现人的个性化,教育不能是产品加工,不能按照固定的模具进行批量生产,而要遵从每个人的天赋塑造不一样的人才。学校或教师一厢情愿设计的"轨道式教育",在根本上忽视了学生的天赋,这无异于"让鱼高飞、让鹰凫水"。教育要让学生成为自己,学生也要努力成为自己。只有成为自己,而非任何"第二个谁",才能活出风格、活出优雅、活出美丽、活出价值。我们反对学生的同质化和去个性化,主张尊重每一位学生的兴趣和爱好,发现和释放每一位学生的天赋和潜能,创造最佳的教育环境,让学生在自己最感兴趣和最有天赋的领域或方面充分发展。

生命的延拓意味着"生命之花"的现实绽放。存在主义认为"存在先于本质",生命在体验中绽放,人生意义在体验中彰显。换言之,生命质量的提高,生活意义的获得,只有回归"现实生活世界"才能实现,只有建构"可能生活世界"才能达成。每个人的生命意义与价值、生命灵动与创造,都是在"认识你自己"中孕育和生成、在社会实践中彰显和释放的。正如马克思主

---

① 冯建军.生命教育论纲[J].湖南师范大学教育科学学报,2004(5):5-12.

义所认为的,人在其现实性上是"一切社会关系的总和"。每个人都在现实社会中定型和定义,在现实社会中实现个性化和社会化。整个人类是一个命运共同体,每个人都是在社会关系中实现生命的绽放。对此,西班牙大提琴家、指挥家帕布罗·卡萨尔斯(Pablo Casals)有言:"我们应将全人类视为一棵树,而我们自己就是一片树叶。离开这棵树,离开他人,我们无法生存。"①从这个意义上看,没有"我们的意义与价值"就没有"我的意义与价值","我的意义与价值"存在于"我们的意义与价值"之中。"认识我自己"必须先认识"我们",而"认识你自己"也要先了解"你们"。这是"我"与"我们"、"你"与"你们"的相互建构。当然,"我"与"我们"又是相互解构或彼此消解的,一个个"我"的离去消解了"我们",而"我们"的存在又消解着一个个的"我";"你"与"你们"也是相互解构或相互消解的,一个个"你"的离去消解了"你们","你们"的存在又消解着一个个的"你"。可见,生命的意义与价值是综合性、整体性、系统性和整生性的,人与人相互联结在一起,成就各自的意义与价值。

教育即生活,生活即体验,体验即教育。教育不只是求知,也不只是"为求知而求知"。教育不只是在知识的海洋里畅游、在知识的森林中漫步、在知识的太空上翱翔,还在求真、求善、求美、求益和求宜。教育意味着很多,既有在场的,也有不在场的,即历史的和未来的。在场的教育是可见、可感、可悟的真实生活,是尚个性和尊自由的自主生活,是关注当下和观照未来的此刻生活,是意义与价值齐头并进的整体生活。学生是"活"的存在,只有在生活世界才能"感知"自己,也才能"活出"意义与价值。教育绝不能唆使当事人牺牲当下的生活来换取未来的生活,牺牲今天的幸福来换取明天的幸福。受教育不是为了获取一张"学历文凭",也不是为了谋求一张特殊的"营业执照",而是出于发展自身的知识、能力和素养的需要,为了"诗意地栖居在大地上",为了自由地生活在真实世界里。

总之,教育理当是一种真实生活,一切学子都理当回到真实的生活世界

---

① 联合国教科文组织.反思教育:向"全球共同利益"的理念转变? [M].联合国教科文组织总部中文科,译. 北京:教育科学出版社,2017:12.

中去珍惜、呵护、尊重、享受、升华自己的生活。在真实生活中,从经验世界走向理性世界,从现象世界走向本质世界,从有形世界走向无形世界,从必然世界走向自由世界。在真实生活中,品味教育乃至人生的全过程,体验教育乃至人生的每一次"再出发"。

"教育如何以人为本"是一个见仁见智的问题,即便是同一个人,在不同时空背景下,面对这一问题也会给出不一样的答案。从深处和远处看,追问这个问题要溯源到"人到底该如何发展"和"社会究竟需要怎样的人"。其中,"人到底该如何发展"是根本的,但要受到"社会究竟需要怎样的人"的影响;"社会究竟需要怎样的人"是重要的,但要受到"人到底该如何发展"的规约。与此相对应,教育既要适应人的全面发展需要,也要适应社会发展需要。这是教育内外部关系规律的要义,也是追问"教育如何以人为本"的基调。

一切教育皆是特定时空下的教育,我们需要因时制宜、因地制宜地对"教育如何以人为本"做出认识与行动上的抉择。从人学视角来看,我们需要自我塑造的教育,需要谋求幸福的教育,需要丰实灵魂的教育,需要升华境界的教育,需要延拓生命的教育。毫无疑问,这只是基于当前的某些教育缺失且从人学视角对理想教育的"一种追问",并未囊括教育的所有"应然态",也并不意味着全盘否定当前教育的所有"实然态"。譬如,在肯定和强调自我塑造的同时,来自教师、学校、家长等外力性的塑造同样是不可或缺的;在强化通识教育、情感教育、快乐教育、幸福教育等教育理论或思想的同时,也并不否定知识、技能的授受。无论在任何阶段,知识、技能等的教育都是必不可少的。无论在任何时候、任何语境下,我们所批判和摒弃的绝不是知识或技能,而是"唯知识""唯技能"的极端化。

自我塑造、谋求幸福、丰实灵魂、升华境界和延拓生命的教育,并不代表人本教育的全部要义,从人学的视角来理解教育只是最务本的视角、最必需的视角、最终极的视角,但也绝非唯一的视角。教育内外部关系规律提醒我们,教育不仅关乎人的发展,而且与社会发展息息相关。归根结底,教育所培养的人都必须是"社会人",社会是影响教育如何作为的重要标尺。鉴于此,从政治、经济、文化等社会视角来理解教育,永远不失为应有的视角。

第五讲
教育与人的天赋

　　教育的主客体皆是人,人是教育的结果,更是教育的原因。教育因"发展人"而合法存在,而"发现人"又是"发展人"的前提之一。教育若不能"发现人",那就无法真正做到心中有人、眼中有人,而心中无人、眼中无人的教育必然是无根的、无灵魂的教育,必然是没有方向的、没有境界的教育,必然是难以释放人的本质力量的教育。正确而有效的教育根植于人的发现,特别是人的本质、本性、天赋、自由和主体性的发现。本讲主要讨论教育与人的天赋,尤其是教育与天赋的发现、释放之间的关系。我们认为,教育应该本乎于人的天赋,立足于人的天赋,着力于人的天赋。因为,教育的本质是发现人的潜能,尤其是那种成为一个真正的人的潜能,教育要满足人的基本需求,强调向自我实现的需要发展。人的天赋是教育的原材料,发现人的天赋是因材施教的根基,最大限度地释放人的天赋是理想教育的本相。

一、天赋是教育的原材料

　　教育是一种特殊的生产,即一种"人的再生产"。教育的产品是人,加工的对象也是人。教育就是通过加工人,实现人的再生产,即让人从一种状态升华到另一种更高级的状态,实现一系列或各方面的转变。从理论上讲,教育对人的加工是多方面的,而天赋是一切加工的基础,实乃教育加工的"原材料",即教育必须根植于人的天赋。

(一)人的天赋是人的发展潜能和一切可发展性

　　教育要发展人,首先应该正确认知人的天赋。《汉语词典》将天赋释义为个人生来就具有的"生理特点",这种生理特点为人的发展提供了生理基础以及各种发展的可能性;社会上的主流声音往往将天赋简单甚至片面地理解为个人与生俱来的、不可变更的"自然禀赋"。这些司空见惯的论断看似无懈可击,却存在将人之天赋的内涵窄化的嫌疑。我们认为,人以及人的心灵不能简单地被定义为一块"白板",也不能独断地认为"很多可以称为潜在的知识是天赋的"①。

教育受制于人的天赋,而人的天赋又受制于遗传。遗传是天赋存在的基础,也是教育的生理条件。然而,天赋有别于遗传,天赋不应该被狭义地理解为"人生而有之的自然禀赋",应该被广义地理解为"人的发展潜能和一切可发展性",它如同蕴含生命潜质和潜能的"种子"。也就是说,人的天赋具有可塑性、可改变性和可生长性,这为教育的实施和教育功能的释放提供了空间和可能。否则,教育就没有必要,即使有必要也无足轻重,而天赋和教育也将处于分裂的两极,彼此毫不相干。

人非生而知之,乃学而知之。人的一切知识乃至智慧,是人的天赋得以发现和释放的产物,并非先天生就或先天带来。人的天赋是潜在的,它们经由教育才能由潜在转化为现实,这一如种子要有阳光、水分、温度和土壤才能发芽和生长。教育的生发内在地根植于人的天赋,内在地根植于人的发展潜能和一切可发展性。人若失去了发展的潜能或一切可发展性,那就不可教,也不可学,自然也无知。人因为具有天赋或潜能,才具有可塑性、可教性、可生长性和可发展性。正因为人具有这种潜能,教育才有存在的必要,才有用武之地。也正因为人具有这种天赋,教育才会耐心地去寻找人、发现人和引导人,才会竭力让自己成为一种培养人的"艺术",而不至于异化为人的"加工厂"。

(二)教育要承认、尊重和顺应人的天赋

教育不是抽象的、虚幻的、凭空的,而是具体的、真实的、有根基的。教育不是无本之木,它根植于一定的材料和条件,如同建造房屋需要钢筋水泥,制作桌椅需要油漆木料,烹饪离不开柴米油盐,作画离不开笔墨纸砚。古希腊哲学家亚里士多德在论证实体的生成时提出了影响深远的"四因

---

① 莱布尼茨.人类理智新论(上册)[M].陈修斋,译.北京:商务印书馆,1982:43.

说"，它对思索人的成长具有特殊的启迪意义。如果说"让人成为人"是"形式因"和"目的因"，那么人的天赋就是"质料因"，而教育则可以理解为"动力因"。照此逻辑，人的天赋可谓教育的原材料，而教育为人的天赋释放指引方向、谋划形式和设计蓝图，两者共同作用于人的发展、完善与生成。换言之，教育根植于人的发展潜能和一切可发展性，而教育的意义在于发现和释放人的天赋潜能。有一种艺术作品叫"根雕"，即以树根的自生形态或畸变形态为艺术创作对象，通过构思立意、艺术加工及工艺处理，创作出人物、动物、器物等艺术形象作品。教育从中获得启发，形成人才培养的"根雕原理"，意在强调教育要根植于人的天赋。

　　教育的根本目的是发展人，发展人的潜能和一切可发展性。但是，人不是纯粹的客体，每个人都有自我发展、自我完善的欲求，一切教育皆根植于人的自我生长，即每一个人都亲自参与自己的生长、生成和完善，否则，教育就不成其为教育，只是纯粹的规训或加工。人的天赋是人自我生长、自我生成、自我完善的基础，也是教育生发的基础和元点。在人的自我生长、自我生成和自我完善中，教育不是万能的，但它能帮助"具有天资的人，自己选择决定成为什么样的人以及自己把握安身立命之根"①。初生之人如同一块"璞玉"，若要成为"连城之璧"，则离不开教育的雕琢，但雕琢不是随心所欲的，必须顺应璞玉的内在纹路和构造理路，即教育要承认和尊重人的天赋，顺应人的发展潜能和一切可发展性，这种顺势而行或按理而进的教育才能将教育对象培养成"他自己"。

二、发现天赋是因材施教的根基

　　治水因其势，育人因其性。不同的人具有不同的天赋，教育应"按照儿童应该走的道路来培养训练他"②，亦即所谓的"因材施教"。《学记》云："教人不尽其材，其施之也悖，其求之也佛。"尽其材，首先要知其材，而知其材就是了解作为教育对象的人，即"如果教育学希望从一切方面去教育人，

---

　　① 雅思贝尔斯.什么是教育[M].邹进,译.上海:生活·读书·新知三联书店,1991:4.
　　② 理查德·D.范斯科德,等.美国教育基础——社会展望[M].北京师范大学外国教育研究所,译.北京:教育科学出版社,1984:13.

那就必须首先也从一切方面去了解人"①。而"了解人"在某种意义上就是"发现人",发现人的本质、本性、天赋、自由、主体性等,其中发现人的天赋既基础又关键,因为人的天赋决定了因材施教,因材施教只是尊重、选择和发展了人的天赋。

(一)发现天赋始于对人之天赋的承认

天赋思想源远流长,认知人的天赋,洞悉天赋的奥妙,揭示天赋的本相,必须统观天赋思想的来龙去脉和历史生态,把握天赋思想的流变脉络。回溯西方两千多年的哲学史,作为两大基本的哲学流派,唯理论和经验论坚持截然不同的天赋观。唯理论坚持天赋观念说,肯定天赋的前在性和必然性,认为"上帝在创造我的时候把这个观念放在我心里,就如同工匠把标记刻印在他的作品上一样"②,如柏拉图的"回忆说"、奥古斯丁的"天赋记忆说"、笛卡尔的"天赋直观呈现说",等等。经验论坚信人的一切知识皆为后天经验的结果、人的心灵是完完全全空白的,认为"凡在理智之中无不先在经验之中",坚决反对天赋的前在性和必然性,坚信人们"不必借助于任何天赋的印象,就能够获得他们所拥有的全部知识"③,如亚里士多德的"蜡块说"、洛克的"白板说"、巴克莱的"物是观念的集合",等等。

唯理论和经验论的天赋观都是片面的,两者皆缺乏综合的视野。唯理论是一种片面强调人的理性作用的认识论学说,其观点遭到了培根、霍布斯、洛克、休谟等经验论者的猛烈抨击,成为经验论者争相攻伐的"阿喀琉斯之踵"。经验论看到了人的有限理性作用,同时也折断了理性的翅膀,夸大了经验的作用。经验或事实告诉我们,人的天赋是客观存在的,"凡那些不可视觉觉察的由经验而来的力量、凡那些不可归结为机械规则的技能,均是某种遗传的天赋的结果"④,但人的天赋及其作用不是没有边界的,它有自身的上下限或阈值。

---

① 张焕庭.西方资产阶级教育论著选[M].北京:人民教育出版社,1979:502.
② 笛卡尔.第一哲学沉思集[M].庞景仁,译.北京:商务印书馆,1986:53.
③ 北京大学哲学系外国哲学史教研室.西方哲学原著选读(上卷)[M].北京:商务印书馆,1981:447-448.
④ 郝宁,吴庆麟.天赋在专长获得中有限作用述评[J].心理科学,2009(6):1401-1404.

（二）发现天赋根植于对人的天赋的认知

人的天赋是客观的和具体的，它没有哲学概念上的晦涩，没有宗教意义上的神秘，但也很难直接用科学实验来证明；它有别于笛卡尔等人唯理论意义上的"先验"和"回忆"，也不同于洛克等人经验论意义上的"蜡块"或"白板"；它记录了人的遗传密码，也潜藏着人的发展态势或可能性；它承袭了人的自然禀赋，也蕴含着人的发展潜能或一切可发展性。

人的天赋是潜在的。莱布尼茨认为，"观念和真理就作为倾向、禀赋、习性或自然的潜能天赋在我们心中，而不是作为现实天赋在我们心中"[①]。天赋犹如蕴含发展可能的种子，离开了阳光、温度、水分、土壤，它永远只是蕴含发展可能的种子，天赋这粒种子必须借助一定的外部手段才能破土、发芽和生长，释放生命的天赋。"知识、德行与虔信的种子是天生在我们身上的；但是实际的知识、德行与虔信却没有这样给我们。这是应该从祈祷，从教育，从行动去取得的……实际上，只有受过恰当教育之后，人才能成为一个人。"[②]作为一粒蕴含生命潜能的种子，人的天赋到底能释放到何种程度，取决于内外部力量的作用，尤其是与因材施教密切关联，即因材施教会开显天赋，反之则遮蔽天赋。

人的天赋是多样性的。人的天赋是个性化的，同时又是多样化的。不同的人有不同的天赋，同一个人在不同方面拥有不同的天赋，人类在不同领域取得的巨大成就和每个人在不同方面取得的成就反映了天赋的多样性。我们很容易发现，有的人善于演绎说理，有的人精于归纳论证，有的人擅长运筹帷幄，有的人谙于攻坚克难……天赋的个性化和多样化，决定了教育不可整齐划一或一刀切，不能用一种模式或一个模子去塑造所有的个体。

人的天赋是可释放的。人的天赋如同蓄势待发的种子，它构成了人存在的自然基础、生长的原初材料和发展的本质力量。教育之所以需要发现天赋，不仅仅在于天赋的存在很重要，更大的原因是天赋可以通过教育的作用得以彰显和释放，延拓人的本质力量。最大限度地发现并释放人的天赋，

---

① 莱布尼茨.人类理智新论（上册）[M].陈修斋，译.北京：商务印书馆，1982:7.
② 夸美纽斯.大教学论[M].傅任敢，译.北京：教育科学出版社，1999:24.

教育就能够事半功倍,发挥最大功效;倘若无视并压抑人的天赋,教育不仅失职,也损害了人的发展潜能。

(三)发现天赋孕育于对人之天赋的尊重

教育是一种平等对话和沟通,绝对不是一方的居高临下,另一方的卑躬屈膝。教育不能违反人性,尤其是人性中的自由、尊严、道德、情感等,否则,教育只会扭曲人。教育只有体现出对人的尊重,才能深刻理解"教育的发生学意义和过程性质"①,才能勃发和释放出人的主体意识和能动精神,才能真正发现人的天赋特长、适应人的内在生成规律,从自在自发的"必然王国"迈向自为自觉的"自由王国"。有了对人的尊重,才有对人之天赋的尊重,才能进而发现人的天赋。

首先,发现天赋必须尊重人的自生性。"教育即生长",而生长是自我生长,他人不可替代,而且也替代不了。人的天赋在人的自我生长中展现出来,尤其是在顺其自然的生长中展现出来,若按照教育者的设计强力而为之,或许可以让个体获得某些方面的发展,但未必是个体天赋的"整体涌现"。教育必须关注人的发展潜力而非既成的事实,"一个人的存在从来不是完成了的,不是最后的。人的状态是初生状态。每时每刻都在作出选择,永远不会停滞"②。个体自我生成的过程是一个主体能动的选择过程。人只有通过内在联系才能与自己相遇,也只有通过自我生长才能实现整体进步。教育应该尊重人的自生性并为人的自我生长提供适宜的环境和足够的机会,而不是铺就与刻画一个模式化的轨道或图景。

其次,发现天赋必须尊重人的差异性。人之天赋的发现和释放不是孤立的,而是内在关联的或联动的,一种天赋的发现、完善与生成也可能会刺激和促进另一种天赋的发现、完善与生成。这既是一个天赋纵深的过程,也是一个天赋延拓的过程。譬如,作曲的天赋可能刺激歌唱的天赋,表演的天赋可能催生导演的天赋,学的天赋可能触动教的天赋。正因为如此,一些优秀的作曲人往往在歌唱方面也是卓尔不群的,不少知名的表演艺术家也是

---

① 李枭鹰.高等教育选择论[M].北京:中国社会科学出版社,2011:4.
② A.J.赫舍尔.人是谁[M].隗仁莲,译.贵阳:贵州人民出版社,1995:38.

许多优秀影视作品的幕后担纲者,好的学生更容易造就好的教师。作曲与歌唱,表演与导演,学与教,它们是非对称的,彼此在内容和形式上也大相径庭,但常常在某种机缘巧合下得到了融合、跃迁和升华,这是一种人之天赋的联动效应,也是人之天赋自然生长的结果。

最后,发现天赋必须张扬人的个性。四时有别,方知季节之美;曲折跌宕,才显江河之势。每个人都是独一无二的,正是这种个性成就了教育世界的多彩与诱人。人的天赋也是个性化的,它是专属个人的自然禀赋和发展潜能,具有唯一性和独特性,因而关注人的个性、尊重人的个性、张扬人的个性是发现天赋的关键和基石。个性化的天赋不仅决定了因材施教的内容,也决定了因材施教的过程,还决定了因材施教的结果。可以说,"人人身上都有自己独特的天赋,视、听、说、算、演……各个不同,所以有的人在这方面出类拔萃,有的人在那方面才华横溢"[1]。因材施教就是要尽可能地使每个人在自己独具天赋的方面"出类拔萃"和"才华横溢"。

(四)发现天赋基于对人的天赋的关爱

教育世界不是"霍布斯丛林",残酷的"丛林法则"在教育世界没有市场。真正的教育是充满爱的教育,是爱推动的教育,是关注一切人和人的一切天赋的教育。如果教育是机械的和冰冷的,那么人的天赋将名存实亡;如果教育是一种单向的、居高临下的恩赐,那么人的天赋将无用武之地。反之,教育若能关爱人及人的天赋,那么发现人的天赋就近在咫尺。

首先,教育不能有偏见。教育是为了一切人,为了人的一切。真正的教育是有教无类的,是不戴有色眼镜的。偏袒某些人或忽视某些人,都将造成对某些人的天赋的遮蔽或伤害。心中无人,眼中必然无人,也就必然看不到人的天赋,终将掩蔽、压抑、抹杀人的天赋。人是教育的目的而非手段,教育不能没有人道温情和人文关怀。教育是普世为人的公共事业或全球共同利益,教育的世界首先是公平的,不能对任何个人持有偏见。一个五音不全的人可能在绘画方面卓尔不群,一个不善言辞的人可能在写作方面独立出众,一个单薄弱小的人可能在跳跃方面天赋异禀……教育要遵从"根雕原理",

---

[1]　霍华德·加德纳.多元智能新视野[M].沈致隆,译.北京:中国人民大学出版社,2012:56.

善于从"丑陋中寻找美丽",发现每一个人的天赋特长。

其次,教育不能将人异化。在哲学史或教育史上,存在两种比较典型的将人异化的观念。一是将人理解为一种"动物"。柏拉图认为人是"两足而无毛的动物",尼采批判人是"有病的动物",卢梭讽刺人是"堕落的、腐朽的动物",赫舍尔强调人"过去、现在和将来都是动物",夸美纽斯呼吁人是"可教的动物"。二是将人比喻为一台"机器"。法国启蒙思想家拉·梅特里直接宣称"人是一架机器"①,尼采认为一切高等教育的任务就是把人变成机器②,华生、斯金纳等行为主义者则将人看成外界环境中种种刺激的被动反应者和接受者。将人看作"动物"容易掩盖人的本质,抹杀人与一般动物的区别,将动物的标签冠冕于人之上,易让教育沾上"驯兽"的色彩;将人视为"机器"会泯灭人性,对应的教育则为制造机器而非"太阳底下最光辉的职业",教育过程表征为一种操作、控制、干预,完全没有人性光辉的沐浴,更谈不上人之天赋的发现与释放。

最后,教育不能压抑或"裁剪"人的天性。兴趣和好奇是人的天性,也是最好的老师。然而,"我们的风尚里有一种邪恶而虚伪的共同性,每个人的精神仿佛是一个模子里铸出来的。我们不断地遵循着这些习俗,而永远不能遵循自己的天性"③。面对多样化的社会需要,教育却总是希望用一个统一的模版最快速度地改变人和塑造人,去掉一个最高分,减掉一个最低分,然后再取平均值,是我们的一贯思维和做法。对于那些独特的不切合模版的"异类分子",或抨击,或打压,或"裁剪"。一切教育的秘密似乎就是控制与规训,考什么就学什么,怎么考就怎么教,人的德性追求、自主意识和批判精神皆被棒杀在褓襁之中,皆被限制在枷锁之中。诚然如此,发现人的天赋必然为纸上谈兵,更遑论追求理想的教育了。

三、释放天赋是理想教育的本相

人本乎自然万物,人的生长如同一切事物的生成,"当质料尚未获得该

---

① 拉·梅特里.人是机器[M].顾寿观,译.北京:商务印书馆,1981:73.
② 弗里德里希·尼采.偶像的黄昏[M].周国平,译.北京:光明日报出版社,1996:73.
③ 卢梭.论科学与艺术[M].何兆武,译.北京:商务印书馆,1995:9-10.

事物的一定形式时,它就是处在潜伏状态的事物,只有当它获得了这种确定形式之后,才成为现实的事物"①。人的天赋若要得以释放,实现从质料到形式的转化,需要借助一定的外界刺激为其提供"机缘"和"诱因"。外界刺激纷繁复杂、类型多样,而教育的作用最为直接、最为强烈、也最具功效。事实反复表明,"绝大多数儿童都表现出他们是大有培养前途的,如果在以后的岁月中这种希望成了泡影,那就说明,缺少的不是天赋能力,而是培养"②。教育与天赋的释放内在关联、密不可分、相辅相成,每个优秀人物的综合素质"不仅得自于天赋,更需要后天精心的教育和培养"③。人的天赋的释放有其自身的内在规律,按规律释放天赋是通达理想教育的必然选择。

(一)天赋的释放是多向度的

　　人的天赋是多元的,其释放的切入点和向度也是多元的。同一个体,其天赋不是唯一的,只是不同方面的天赋有所不同而已。不同天赋的释放,没有严格或铁定的先后顺序,往往因人而异、因时而异。也就是说,释放天赋的切入点不是单一的或唯一的。天赋的释放如同教育的开展,没有绝对的、固定的标准、框架和路径,它可以从某个方面或某些方面开始而实现天赋的整体涌现,也可以立体网络化推进,在整体中凸显局部天赋。长期以来,人之天赋释放的路径经常被窄化或异化:或德育是统帅,或智育是至尊,或美育是装饰,或体育是摆设,或劳育是形式。一切教育都在跟着考试的"指挥棒"前行,成绩成为衡量天赋高低的绝对尺度和唯一天平,个人的思维品质和道德情感被日益剥离和边缘化,教育的生命意义和生命价值被弱化,逐渐成为远离人的"废墟"。教育必须尊重人的个性,尊重和释放人的天赋,整齐划一的机械化、程式化、模式化教育必须摒弃,将应试教育转变为素质教育是应然选择。

(二)天赋的释放是个性化的

　　人人都是独立的生命体,人之天赋是个性化的,不同的个体之间存在这

---

① 邓晓芒,赵林.西方哲学史[M].北京:高等教育出版社,2006:63.
② 昆体良.昆体良教育论著选[M].任钟印,选译.北京:人民教育出版社,1989:10.
③ 贺国庆,于洪波,朱文福.外国教育史[M].北京:高等教育出版社,2009:47.

样或那样的天赋差异。这种天赋差异是一种资源和财富,如果没有这种差异,那结果真可能是教育过程的整齐划一或教育结果的千人一面。教育之所以是一门艺术,就在于它必须顺应人的天赋,因材施教,而不是"脱离任何个体的特殊经验而独立"①。

不以人之天赋为基础或依据的教育难以取得真正的成功,甚或是失败的教育、无效的教育。譬如,将一个语言潜能突出而数学天赋不足的学生送进"奥数班",不仅会造成该学生数学造诣的普通与平庸,也很可能导致该学生语言能力的衰退。教育如同艺术创作,而艺术创作最忌讳千篇一律。古希腊、雅典的教育曾在历史上盛极一时,带来了西方文明的曙光,培养出一大批杰出的哲学家、教育家和思想家,其"成功之处在于它使人的才能、倾向、个性得到充分的发展"②。

天赋因人而异,个人的天赋因领域而异,这就好比人的五根手指,有长有短、有粗有细、有大有小,它们分别代表语言、数学、音乐、美术、运动等不同方面的发展潜能。教育对天赋的选择和释放,要力求扬长避短,追求各方面的同等发展或整齐划一既不现实也不理性。教育对人的天赋的释放,教师或家长切忌仅凭好恶而做替代式的抉择,尤其要力避让孩子陷入追求"样样精通"实则"门门稀松"的尴尬境地。教育必须保护人的天赋优势不被湮没,特别是人的天赋的生长和再生长不被遏制。

当然,天赋的释放不是教育者单方面的事情,受教育者也要学会发现和释放自身的天赋潜能,懂得扬长避短,取得最好的学习效果,牢记"当你忙着去修正比较差的天分时,也就是弥补弱点之时,你正在忽视更有效的天分,甚至会埋没已有的才能"③。

(三)天赋的释放是过程性的

人的天赋是结构性的,因而天赋的释放不可能随心所欲,也不可能一蹴而就。莱布尼茨认为,人的天赋犹如一块有纹路的大理石,大理石的纹路决

---

① 马克思恩格斯选集(第三卷)[M].北京:人民出版社,1972:77.
② 滕大春.外国教育通史(第一卷)[M].济南:山东教育出版社,1989:176.
③ 利斯威德,米勒,鲁滨逊.发现你的学习优势,发现我的教育优势[M].北京:中国社会科学出版社,2011:40.

定了大理石应该或者说适合被雕琢成何种形态,也决定了雕刻家如何操作和运转才能发挥大理石的最大价值,成就它的最美形态。人之天赋的释放同样存在自身的"纹路",教育理当沿着天赋"纹路"而为,尊重人之天赋释放的秩序性、过程性和阶段性,如若"杂施而不孙,则坏乱而不修",违背人成长的内在规律,也不符合天赋释放的内在逻辑。

天赋的释放既要因势利导,也需循序渐进。人从自然生命到社会生命,进而上升到意义生命、价值生命和道德生命,是一个循序渐进的从"作为人"到"成为人"过程,也是一个天赋释放的过程。人因教育而成为人,教育也为天赋的释放提供阳光、温度、水分和土壤,有时甚至扮演园艺师的角色。园艺师在担当花圃园林的养护工作时,遵循植物生长的内在规律,播种、育苗、上盆、控温、修剪、嫁接等须适时且合理,拔苗助长或"陵节而施",只会逆自然之势而行,戕害植物的生命。天赋的释放是一个久久为功的过程,它如同深深扎根于泥土的竹笋,破土而出需要等待和积聚能量,那种瞬间的天赋释放只是潜能之光的昙花一现,终将流于无形或沉眠。

(四)天赋的释放是交互性的

教育是一种双边活动,因而天赋的释放不是教育者或受教育者的单向行为,而是两者的双向互动和彼此诱发,即通过释放学生的学习潜能可以促进教师教育天赋的改良,教师教育天赋的改良又有利于更好地释放学生的学习潜能。释放学生的学习潜能与释放教师的教育潜能是内在统一的,两者既不矛盾也并不相悖。理想的教育不只释放学生的学习天赋,同时也释放教师的教育天赋,这正是"教学相长"的内涵之一。

教师的教育天赋是一种稀缺性教育资本,它"在改进教师教育乃至培养好教师中发挥着不可或缺的作用"[①]。事实也证明,教师的教育天赋释放的程度越高,学生的天赋潜能的释放就越充分。名师未必出高徒,善于因材施教者精于发现和释放学生的天赋,那么出高徒就在情理之中。每一位教师最好有作为好学生的经历和体验,这有利于他成为好教师。但是,好学生未

---

① 汪明帅.发现"教育天赋":改进教师教育的另一种视角[J].教育发展研究,2014(Z2):61-67.

必一定能成为好教师,因为好教师还要善于发现好学生、善于因材施教、善于释放自己和学生的天赋。也就是说,好教师既要有学习天赋,又要有教育天赋,培养一名好教师比栽培一名好学生更难。

(五)天赋的释放是有上限的

人或许具有无限的潜能,但人的天赋的释放是有限的,教育在人的天赋的释放上也并非无所不能。教育是一种外在力量,它既不能让人如猛兽般生出爪牙、如飞鸟般展翅飞翔,也难以让盲人成为画家、让聋人成为歌唱家、让智障人士成为科学家。教育之于人的天赋的释放作用巨大,但它也有一定的阈值和上限,有意夸大教育的神圣或无所不能,盲目渲染教育的作用或随心所欲,都是不客观的和非理性的,对天赋的释放百害而无一利。

教育的意义重大,"人类之所以千差万别,便是由于教育之故"[①]。但是,教育不是万能的,"教育万能说"也不是科学的,它否定甚或扼杀了人的能动性,将人完全视为教育的对象物或生成物。环境决定论与遗传决定论貌似对立,然而在思维范式上如出一辙,要么将人看成环境的被动适应者,要么将人视为一切皆已确定的存在物,人的主观能动性在它们面前似乎毫无用武之地。人的发展是遗传、环境、教育、人的主观能动性等多种力量共同作用的结果,教育在其中发挥着关键而有限的作用,它既不能无视天赋的族群特征,也不能超越天赋释放的最大阈值。教育可以在人的天赋象限内"自由施展",但不可以在虚拟的天赋空间里"信马由缰"。

总之,天赋的释放是有规律的,按其规律释放天赋和开展教育会事半而功倍。教育是有理想的,构建理想的教育是人类的诉求。从天赋的角度来看,释放人的天赋是理想教育的本相,教育的理想在某种程度上说,就是最大限度地发展人的潜能和一切可发展性,用沛西·能的话说,"一切教育努力的根本目的应该是帮助男女儿童尽其所能达到最高度的个人发展"[②]。在此意义上,发现和释放人的天赋,让人自由、幸福、诗意地栖居在大地上,进而实现全人类的解放和自由,这是教育的理想,也是理想的教育。

---

① 任钟印.世界教育名著通览[M].武汉:湖北教育出版社,1994:370.
② 沛西·能.教育原理[M].王承绪,等译.北京:人民教育出版社,1992:2.

66

第六讲
教育生发图式的人性论基础

人性是人之为人的本性。千百年来,人性之问和人性之辩一刻未息,人性之解和人性之答见仁见智。如今,人性不再是一个仅仅被供奉在哲学圣殿里隐晦难懂的哲学问题,也不再是一个常常被盛装在道德庙堂里半遮半掩的道德问题。大到国家法律制定、社会秩序管理、自然环境保护,小到穿衣、饮食、家居等,各行各业都在进行一场声势浩大的"人性讨论"和"人性革命"。

从某种意义上说,在所有与人性有关的追问和探讨中,教育与人性的距离最近。这源自人性是教育的归宿,也是教育的出发点。不同的人性论决定着不同的教育选择,形成不同的教育生发图式。长期以来,受人性预成论的支配和制约,我们很难走出"内生式教育"或"外铄式教育"的思维框架。那么,如何看待人性? 人性到底是生成的还是预成的? 生成论视域下的教育生发图式是怎样的? 本讲拟讨论这些问题。

一、内生式教育生发图式的人性论立场

内生式教育思想源远流长,影响也极其深远。内生是事物的内部力量,是事物发展的内因。内生式教育思想主要从人的社会属性出发,强调人的内在力量,认为教育的主要作用是"回忆"和"唤醒",抑或说是唤醒"回忆",其人性论立场主要是"性善论"。

中国的内生式教育思想,主要来源于中国人学思想上以伦理和礼仪为主要基调的性善论。孔子是中国历史上系统提出人性论问题的第一人。他虽然未对人性的善恶问题做出明确的判断,但其所提倡的"性相近也,习相

远也"的人道主义主张,可以理解为最早的关于"人性本善"问题的探讨。孔子仁学体系中所包含的人性论观点,不仅为儒家正统的人性论思想确立了方向和基调,也为中国人性论的传统奠定了思想基础。孟子从"性相近"的角度出发,将孔子的人性思想正式发展为性善论。孟子认为"人皆可以为尧舜",每个人天生都具有"不学而能"的良能和"不虑而知"的良知,即"人之所不学而能者,其良能也;所不虑而知者,其良知也",而教育的作用就是启发、诱导与唤醒这些深藏于内心深处的良知与良能,从而"求其放心"和"扩充善端",以达到"尽心、知性、知天"的境界。后来,性善论发展为程朱理学和陆王心学的"人性二元论"和"人性气本论"思想,将人性之善视为"至善至纯"的天地之性和太虚之气,教育的作用就是帮助人改变气质,使人性回归到"绝对的善"的"天地之性",使人成为一个至真至善的圣人。

西方学者对人性之"善"的理解,不像中国古代学者那样复杂和深奥,但也有其自身的逻辑。作为西方近代"泛智主义"教育理论的奠基者,夸美纽斯内在地认为人性都是善的,人无分富贵贫贱,都有受教育的权利,主张把一切知识教授给一切人,暗合了孔子"有教无类"的性善论教育主张。法国启蒙思想家卢梭的人学思想和教育理念,在18世纪的西方世界可谓独树一帜,他认为人性天生是善的或人天生性善,却因后天环境的原因而变恶了,即"出自造物主之手的东西都是好的,而一到了人的手里,就全变坏了"①;人是生而自由的,却无往不在枷锁之中。为此,卢梭极力反对传统的学校教育,极力提倡"自然主义"教育原则,认为教育的作用就是保护儿童善的天性,使之不受世俗环境的浸染,从而使儿童的身心得到自由和谐的发展。奥地利精神病学家、个体心理学的创始人阿德勒认为,人的本性是积极向善的,因为人是理性动物,人在自主意识的支配下具有主宰自己的命运、决定自己的未来、创造自己的生活的能力。人本主义学派代表人物马斯洛、罗杰斯等认为,人没有兽性,只有人性,人天生就具有一种积极的、向上的倾向,每个人都有对真理、正义和美的追求,不论在任何人身上,这种天性都不会泯灭和消失,尽管这种天性有时会被忽略,但不管怎样它都会努力地生长和

---

① 卢梭.爱弥尔[M].李平沤,译.北京:商务印书馆,1978:1.

发展;世界上的暴力和邪恶,并不是人性中的恶造成的,而是因为人性中的善被"恶"的环境所扭曲和阻挠的结果;人类完全没有控制自己的需要的必要,教育的目标就是引导学生的善性,促进学生的发展,让学生成为一个秉持善念的"自由人"。

　　不难看出,由于历史和人文环境的差异,西方学者对"善"的理解更为多元,不仅蕴含伦理学意义上道德之"善",也囊括了哲学意义上的理念之"善"。这种理念之"善"有别于中国传统文化中孔孟之道对"善"的理解,后者是一种哲学层面的"善",是万物追求的最终目的,是一种超越了真理和知识的更高价值的理念。这种"善"是人的灵魂生而有之的,只是灵魂在进入肉体的那一刻,受到感官的污染和禁锢而遮蔽和忘却了这种"善"。为此,柏拉图提出了天赋的观念,强调"我们的学习就是回忆"[①],教育的作用就是帮助人回忆生而有之的天赋知识,从而达成"善"的目的。奥古斯丁在继承和发扬柏拉图的"回忆说"的基础上,提出了"天赋记忆说",认为人的知识是人的内心中早已存在的一种天赋的相,这种"相"既不是来自感官的,也"不是靠别人传授的,而是来自我本身"[②]。笛卡尔、斯宾诺莎和莱布尼茨等唯理论哲学家,继承前人的天赋思想,将自我意识确定为哲学的绝对起点,认为"上帝在创造我的时候把这个观念放在我心里,就如同工匠把标记刻印在他的作品上一样"[③],教育的作用只不过是唤醒人心中固有的天赋之"善"。

　　根植于性善论的内生式教育生发图式,看到了人性中的利他主义因素,主要突出教育对人性之"善"的唤醒和引导,反对过多的教育干涉和介入。这种教育主张在"灌输式"和"填鸭式"教育模式大行其道的今天,有着相当的理论意义和实践价值。然而,这种教育主张也存在不可克服的局限性:一方面,它将教育的全部目的建立在教育引导人发现"善"、理解"善"、走向"善"、最终与"善"相遇的基础之上;另一方面,它认为"恶"并不存在于"人",而是存在于环境,是环境让人变"恶"了。这种主张或论点明显存在

---

　　① 北京大学哲学系外国哲学史教研室.西方哲学原著选读(上卷)[M].北京:商务印书馆,1981:76.
　　② 叶秀山,傅乐安.西方著名哲学家评传(第二卷)[M].济南:山东人民出版社,1984:341.
　　③ 笛卡尔.第一哲学沉思集[M].庞景仁,译.北京:商务印书馆,1986:53.

将人与环境或人与社会对立起来的嫌疑,并陷入了自相矛盾的"二律背反"之中。因为社会环境是人的环境,人是社会环境中的人,社会环境由人构成,人自身就是社会环境的一分子,如果人性是善的,那么由人所构成的社会环境自然也是善的,教育的作用微乎其微,也就没有必要再去惩恶扬善。更为重要的是,教育的最终目的被定位于"善",而"善"的概念则是模糊的和多元的。如果教育不能对"善"做出一个清晰、明显、科学、合理的规定和阐释,那么教育将无所适从,或必将走向歧途,效度和信度也将大打折扣:要么导致人才培养理路模糊不清、教育过程乏力,要么导致人才培养目标错位、教育结果异化。

二、外铄式教育生发图式的人性论渊源

外铄式教育思想与内生式教育思想并驾齐驱又针锋相对,其影响同样广泛而深远。外铄是事物外部的力量,是事物发展的外因。外铄式教育思想主要从人的自然属性出发,强调环境的力量,认为教育的作用主要是由外而内的"形塑"和"规范",其人性论立场主要是"性恶论"。外铄式教育思想也不乏支持者和追随者。

"外铄"是一个源远流长的概念,孟子早在两千多年前就提出"仁义礼智,非由外铄我也,我固有之也,弗思耳矣"(《孟子·告子章句上》)。不过,外铄的教育思想源自荀子的性恶思想。荀子从"习相远"的角度出发,提倡性恶论,认为"人之性恶,其善者伪也",并断言"若夫目好色,耳好声,口好味,心好利,骨体肤理好愉佚,是皆生于人之情性者也;感而自然,不待事而后生之者也"(《荀子·性恶》)。在他看来,人生活在一个物欲横流、私欲膨胀的社会,人的本性里面生来就带有好利、多欲的恶德。虽然人性趋恶,但人性不是不能改变的。为了抑制恶德,荀子十分重视教育的作用,主张隆礼而重学,认为教育的意义就在于"注错习俗,所以化性也",即按照圣人所制定的礼仪法度、社会规范、文化习俗等来教化和改变人的恶性。韩非进一步强化荀子的思想,认为人的本性是利己的,"夫安利者就之,危害者去之,此人之情也"(《韩非子·奸劫弑臣》),教育应该弃绝仁义、亲情和恩惠,利用强硬的法度作为定纷止争的准绳,从而压制和抹杀人的利己本能。

　　西方外铄式教育思想主要起源于亚里士多德的"蜡块说",后来经过培根、洛克、霍布斯、休谟等经验主义哲学家的巩固和延伸,成为西方教育思想史上浓墨重彩的哲学根基和理论大纲。譬如,约翰·洛克的"白板说"认为,"我们的全部知识是建立在经验上面的,知识归根到底都是导源于经验的"①,人出生之时心灵就像一块白板那样纯净,人的一切观念和知识都源于经验,都只不过是外界事物在白板上留下的痕迹而已,教育是造成人类之所以千差万别的关键甚至是唯一原因。巴克莱直接宣称"存在就是被感知",这是一种典型的唯心主义思想,直接否定了感觉之外的所有外在现实,映射到教育领域,则主要体现为教育对人的外在形塑作用,而人的想象力和自由意识则被剥夺了。休谟完善了洛克的经验论思想,但也同时主张经验是变化莫测的,并逐渐走向普遍的怀疑主义,致使他的人性主张始终没有明确的定义,人性科学在他那里发展成为精神科学。

　　西方外铄式教育思想不仅常见于经验论哲学家的论述中,从诸多社会思想流派中亦能窥见端倪。神学家奥古斯丁直接宣称,人是生而有罪的,人生于世的过程就是赎罪的过程。作为西方精神分析学派的创始人,弗洛伊德的思想蕴含着丰富的性恶论色彩,他大力提倡性欲本能,可谓性恶论的维护者。弗洛伊德将一个人的人格分为"本我""自我"和"超我"三个部分,其中本我是人格结构的基础,以遵循快乐为原则;自我是人格结构的执行者,以遵循现实为原则;超我是人格结构的管制者,遵循道德原则和完美原则。在他看来,人的各种行为都要受到潜意识本能,即本我的控制和支配,而本我与社会道德、伦理、信仰等方面之间又存在着不可调和的矛盾。人在自身的恶面前,不仅身不由己,而且无能为力,人之所以没有走向自我的毁灭,只是因为社会秩序的压抑和自我道德的调节。弗洛伊德过分地强调了人性中负面的和非理性的因素,片面地把人性描述甚至丑化为暴力的、黑暗的、自我中心的和消极冲动的,具有浓厚的泛性论和生物本能性倾向,致使他的整套人性理论都显得过于晦暗和悲观,而以其人性理论为基础而建立的教育

---

① 北京大学哲学系外国哲学史教研室编译.十六—十八世纪西欧各国哲学[M].北京:商务印书馆,1975:336.

思想,也往往主要以抑制、打压和剥夺为主,自然成为后来许多教育论者关注的焦点和批评的靶子。此外,以华生为代表的环境决定论,把人视为外界环境的被动适应者,认为人的发展完全取决于环境,这种人性主张明显抹杀了人的主动精神和能动意识,教育的作用被盲目夸大了,从本质而言也是一种外铄式教育思想。

根植于性恶论的外铄式教育生发图式,看到了人性的生物本能,主要突出教育对人性之"恶"的"形塑"和"规范",对于规范、升华和发展人性具有一定的作用,但其局限性也十分明显。教育的作用被过分彰显和夸大,教育过程主要表征为控制、干预、训练和强压,人自身处于十分被动的局面,人的主体意识和能动思想也被掩盖与忽略。这种教育理论虽然也看到了人性的可变性,但难免存在将人之自然属性"怪兽化"和"妖魔化"的思想倾向,在教育理论界一直饱受诟病、争议不断。

三、内生外铄式教育生发图式的人性论根基

内生式和外铄式的教育思想是架构中外教育理论生发的两条并驾齐驱的"铁轨",几乎映射和反映了所有的教育脉络和教育流派。二者从彼此对立的两个人性端点出发,经由教育理论家的阐释和发挥,勾勒出支流庞杂而又意义繁复的教育世界。然而,根植于性善论的内生式教育生发图式和成型于性恶论的外铄式教育生发图式,毕竟是站在人性的两个极点分析和看待教育问题,是一种单向度、直线型的教育思想,其存在疏漏和偏颇之处在所难免。为了弥补这种单向度的教育生发图式的人性论缺陷,诸多教育理论家在整合两种教育思想的基础上,逐渐催生出"内生外铄式教育生发图式",即同时关注教育的内在"唤醒"和外在"形塑"作用。

内生外铄式教育生发图式是内生式教育生发图式与外铄式教育生发图式的朴素综合和辩证统一,它根植于人性有善有恶论,突破了单方面的人性善恶问题,兼顾到人的社会属性和自然属性,用一种更加包容和更加整合的思想理路去认识人性。譬如,西汉董仲舒的"性三品说",将人性直观地划分为"上品之性""中品之性"和"下品之性"三个层次:上品之性是上智,不需要再改变,生来即具有仁、义、礼、智、信五种道德;下品之性是下愚,永远也

无法改变,五德皆难以拥有;中品之性介乎两者之间,五德有所欠缺,性可善可恶,需要教育的引导与完善,教育的对象主要是中品之性,而教育的目的在于惩恶扬善。东汉扬雄主张,"人之性也善恶混,修其善则为善人,修其恶则为恶人"(扬雄《法言·修身》),意思是人自出生之时起就是带着复杂的人性而来的,这种人性中有善亦有恶,善性得到修养就可以成为善人,恶性不加遏制就会沦为恶人,教育的作用就是修身养性,扬其善性,抑其恶性。

凡事无独有偶。古希腊的柏拉图将人性分为"金质""银质""铁质和铜质"三个等级,含"金质"的人应被培养成为统治者,含"银质"的人应被培养成为国家机器的维护者,含"铁质和铜质"的人应被培养成为普通的农民和手工业者,而奴隶不能也没有资格接受教育。18世纪的英国经济学家和哲学家亚当·斯密指出,人性既不是完全善的,也不是完全恶的,而是善恶相混的。亚当·斯密的《道德情操论》论述了人性中存在自利和利他两个方面,即人在追求自身物质利益的同时,也要受道德感念的约束和引导,具有帮助他人的情操,并且这种"利他"的道德情操永远地存在于个人的心灵之中。

与"有善有恶"相对的是"无善无恶"的人性思想。告子认为人性"无善无恶",宣扬"性犹湍水也。决诸东方则东流,决诸西方则西流。人性之无分于善不善也,犹水之无分于东西也"(《孟子·告子上》)。在他看来,人性原本就无分善恶,就像无形的水流一样,受地势的影响,人性之所以呈现出善恶的状态,纯粹是"外界环境"使然。细究不难发现,性无善无恶论与性有善有恶论在表面上似乎是截然对立的,其实两者是同质同构的。与简单的性善论或性恶论一样,性有善有恶论或性无善无恶论同样是对人性理解的片面论述,看到的同样是人性的局部特征而非整体属性,坚持的同样是静态人性观而非动态人性观,陷入的同样是人性预成论的思维定式,即预先为人性设定了"固有的本质"。这样的人性论断极易将人的本质分裂化、简单化、客体化、静态化和固定化。人性的本质一旦盖棺论定,人的发展目的就成为一种宿命,教育应该如何发展人也就成为一种固定的套路和模式,教育自然陷入十分被动的局面,这显然有悖教育之初衷。

内生外铄式教育生发图式在一定程度上改变或扭转了单向度的教育内生或教育外铄问题,发展和丰实了已有的教育思想,是教育理论的延伸和进步。在这种理论视域中,人性不再被简单地定义为单纯的"善"或"恶",而是包含着善与恶的朴素综合和辩证统一。这种教育理论既看到了人的生物性,也看到了人的社会性,并将内生和外铄的教育力量整合到一起,为认识人性、发展人性、升华人性迈出了理论综合的重要一步。然而,内生外铄式教育思想并没有看到人性的可变性、发展性或能动性,仍然没有脱离人性善恶的预成论思维框架,仍然是对人性善恶问题的再延续和再论证,仍然将人看作客观化的教育的对象,仍然将人的自由意识和能动精神隔离在教育领域之外。一言以蔽之,根植于性善论、性恶论、性有善有恶论和性无善无恶论的教育生发图式,皆是人性预成论支配下的教育生发图式,它们用一种静态的观点看到了人性存在的某一个或某几个方面,却没有看到人性的生成性和教育的过程性。

四、过程性教育生发图式的人性论抉择

人是教育的起点,也是教育的终点。教育永远不能脱离人,脱离人的教育理论也必然是粗糙的原料或半成品,无法规约教育的思与行。换言之,任何教育理论一旦失去了对人的关注,都将是畸形的教育理论,都将是脱离正轨的教育理论。

人是什么?"人的本质不是单个人所固有的抽象物,在其现实性上,它是一切社会关系的总和。"①社会关系是不断生成和变化的,人自然也处在不断变化之中。人的本质是生成的和变化的,不存在预成的、僵化的、单一的和凝固的人的本性,"我们绝不可能用探测物理事物本性的方法来发现人的本性,物理事物可以根据它们的客观属性来描述,但是人却只能根据他的意识来描述定义"②。也就是说,人的发展不是一成不变的唯一,而是丰富多彩的无限;不是盖棺论定的必然,而是千变万化的可能;不是理所当然的前在,而是不可预知的生长。与之相对应,人性也是一个多层次、多维度、多侧面的极为复杂、变动不居的真实存在。如果单纯地用性善、性恶、理性或

---

① 马克思恩格斯选集(第一卷)[M].北京:人民出版社,1995:56.
② 恩斯特·卡西尔.人论[M].甘阳,译.上海:上海译文出版社,2004:8.

性三品等规定来界说人性,就等于用唯一取代了无限,用必然否定了可能,用前在抹杀了生长,这就陷入了人性预成论的思想泥潭。

人性预成论支配下的教育生发图式,是一种以单纯的工具理性或价值理性为基础和出发点的简单教育,这种教育思想忽视了人的"生活世界"和"意义世界",在某种程度上将人性简单化、固定化、模式化,从而给教育戴上了"枷锁"和"镣铐"。在这个过程中,教师和学生被一种预先设定的目标牵绊和指引,教师只需用固有的模式去操控,学生只需要用统一的思维去盲目接受即可,教育的过程演变成了一种生硬编码的机械组合的过程,教育失去了化民成俗、孕育桃李的神圣光泽,走向生硬的、机械的程式化操作,自然也难以成就真实的人和丰富的人性。

人的复杂性决定了教育的丰富性和选择性,要想解答教育的问题就必须回答人的问题,尤其是人性的问题。教育只有对人性不陌生、不疏离,才能与人保持亲近。"世界不是既成事物的集合体,而是过程的集合体"①,不管认同与否,这一点不会改变。人性是生成的,也是不断变化的,上帝从来没有提供一个永恒的"人"的概念。人就是人,这不仅是说人是"自己认为"的那样,而且也是人从无到有、从不存在到存在之后"自己成为"的那样。人没有先验的前在本性,也不存在共有的恒定特质,人性是在生活中存在、在生活中形成、在生活中变化和发展的,它并不存在于生活之前或者生活之外,而存在于生活之中,是"在存在中存在"。人性"不是抽象的既定性质,而是在历史中生成和发展的东西,它处在永恒的流动之中。人性也不仅仅是流动的,而是一个不断迈向未来的开放性生成的过程"②。教育要充分尊重人性,首先不在于用一种崇高的道德框架或者正确的行为标准去规范它、彰显它,而在于勇敢地承认它的可变性、过程性、多元性及生成性。

人性的生成不是无源之水、无本之木,它是建立在先天遗传的基础之上,并通过自身实践和选择与外界环境不断发生作用而逐渐生成的,这是一个永恒的超循环运动过程。遗传因素、环境因素以及自我实践因素,共同构

---

① 马克思恩格斯选集(第四卷)[M].北京:人民出版社,1995:244.
② 韩震.生成的存在——关于人和社会的哲学思考[M].北京:北京师范大学出版社,1996:2.

成了人性生成的三个基本维度,缺少任何一方,真正的人性都难以有效生成。更进一步来说,遗传因素表现了人性的自然属性,因为人"直接是自然的存在物"①,不可能完全脱离人的"动物"特征;环境因素代表了人性的社会属性(家庭、社会和教育的力量),因为人是社会的一部分,不可能脱离一定的社会关系而单独存在;自我实践因素映射了人的精神属性,因为人"是精神趋向的 X"②,是有意识的类存在物,是能说出"我"的一种能动的客观存在,也是唯一对尊严、自由、理想等拥有并永久保持需要的高级生命体。人的生物性、社会性和精神性不是对立的,也不是静止不动、一成不变的,它们统一于人的发展、完善与生成过程之中。教育要建构人性,就必须统观人性生成的遗传因素、环境因素以及自我实践因素,将人性的生成视为一个不断变化、不断生成的人与教育的互动过程,并在这个过程中系统性地引导人性的生成、升华、完善与和谐。

人性是丰富的,没有丰富的人性就不能体现人的真正价值,人就不能称其为人。人性"是人类潜能的无限发展的趋势,而非若干固定特征的简单汇集"③,教育的生发尤其应该看到"人之为人的本性的丰富性、微妙性、多样性和多面性"④,让人自身参与自我生成的全过程。也就是说,在教育活动中,学生并非以生命的局部被动地参与其中,而是以自身内涵丰富的身与心、理性与非理性、智力与非智力等因素整体地、积极地、能动地参与教育活动并在其中获得自我完善和自我发展的契机。从根本上看,"过程属性是教育活动的基本属性,教育活动的过程属性就是生成性和发展性"⑤。人之所以成为人,不在于外界的任何先在性的终极论断,而在于人自身。在人性生成论的视域下,教育是一种促进人的自我生成的过程,而不是一种手段和目的。过程性教育生发图式的意义就在于教育不再将任何人性视为终极性的存在,人随时都在关注自身、发展自身和完善自身,人的自主精神和能动意

---

① 马克思恩格斯全集(第四十二卷)[M].北京:人民出版社,1979:167.
② 马克斯·舍勒.人在宇宙中的地位[M].李伯杰,译.贵阳:贵州人民出版社,1989:21.
③ 袁贵仁.人的哲学[M].北京:中国工人出版社,1988:61.
④ 恩斯特·卡西尔.人论[M].甘阳,译.上海:上海译文出版社,1985:15.
⑤ 郭元祥.论教育的过程属性和过程价值——生成性思维视域中的教育过程观[J].教育研究,2005(9):3-8.

识能够冲破加诸自身的障碍和藩篱,使人性得到充分的释放和延展。

历史和实践已经证明,过程性教育生发图式是合理的和可取的,它同时关注人和环境的作用,关注人的发展的全过程,主张教育要尊重人性、化育人性,不断地生成更高层次的人性,促进人性的生成和超越;它根植于人性生成论,不在意也不沉迷于论辩教育究竟是内生的还是外铄的,摆脱了性善论、性恶论、性有善有恶论和性无善无恶论的人性预成论的思维禁锢,洞见了教育与人性的整体生发性和互塑互生性。关注人以及人性的生成性,其目的和意义就在于有效地理解教育的过程性,将人看成一个具有无限发展可能的丰富的人、自由的人,将教育看成是一种开放的、动态的、面向未来的"进行时",而不是一种封闭的、静态的、业已过去的"完成时"。

第七讲
教育的复杂性

❖

　　教育是复杂的,这是无可置疑的共识。然而,教育到底复杂在何处? 这既值得深思,也应该探明,更需要讲清。因为,这关系到我们对教育的理解与行动。本讲围绕教育的生发起点、要素构成、目的取向、场域空间、类层结构等探讨了教育的复杂性,希冀其对我们理解教育有所裨益。

一、教育生发起点"两难选择"

　　教育应该从哪里出发,这是教育的起点问题。一切教育都有自己的生发起点。所谓"教育起点",即教育的出发点、着眼点和立足点。从知识和道德出发,是教育的传统起点观,这在某种程度上说,亦即学科起点观。纵观中西方漫长的封建历史,以知识传授、道德修养为起点的教育价值导向始终占据主流。但是,随着教育研究的持续推进,教育观念与认知的不断更新,当代社会已越发趋向以人为教育的生发起点,即强调以人为本、以生为本。这种人本化或生本化的教育起点论,又细分为"自然起点"和"人化起点"。对比发现,同样致力于育人,两种教育起点论在机制、路径等问题上存在颇多出入,导致了教育生发起点的复杂性。

(一)自然起点: 基于个人天赋力量的教育起点论

　　"自然起点",即以自然作为教育的起点。根据"自然"的不同含义,自然起点论分为四种论说。一是客体化的自然起点。在此意义上,自然起点即遵循自然规律和自然秩序。回顾教育的漫长发展史,客体化自然起点论的典型代表当属夸美纽斯(Johann Amos Comenius)。17世纪上叶,他在《大教学论》中提到了"自然适应性原则",尤其强调教育要适应大自然的规律和秩序。在他看来,"每一种服从自然的命令的生物都将它的行动约束在恰当的限度以内,因而由于小心地在细节上遵守规则,宇宙的规则就得以维持"①。二是主体化的自然起点。18世纪中后期,让－雅克·卢梭(Jean-Jacques Rousseau)在《爱弥儿论教育》的开头如是说:"出自造物主之手的东西,都是好的,而一到了人的手里,就全变坏了"②,由此抛出了有别于夸美纽斯自然适应性原则的自然教育思想,申明"自然的教育"就是实现"才能和器官的内在发展"③,将自然适应性原则的客体化思想(顺应大自然)演变为主体化思想(顺应自然天性)。事实上,遵循个体的自然天性、释放个人的天赋潜能,也是自然起点论最首要、最基本和最核心的含义。三是心理化的自然起点。该教育起点论主张教育应适应个体的心理发展特点与水平,凸显兴趣、动机、个性等因素,以裴斯泰洛齐(Johann Heinrich Pestalozzi)关于"教育心理学化"的理念为其"胚芽"。四是生长化的自然起点。在教育源于自然、源于天性的基础上,约翰·杜威(John Dewey)进一步认为,教育还是儿童自然天性的不断生长。在他看来,自然天性从不是静态的、既成的,而是存在一个逐步显现和释放的过程。自然也好,天性也罢,都是一个不断生长的过程。

自然起点论主要表现为一种自然演进的教育起点论。关于该起点论的特征,我们可从卢梭关于儿童教育的"自然后果法"中窥见一二。他认为,儿童期处于理性的睡眠期,这一时期,如果儿童存在错误或冒失的行为,不可以对其进行说教,今后引以为戒。可见,该起点论强调直接经验,不怕"绕远而是要让他们从自身的错误行为招致的自然后果中吸取教训走弯路",带有鲜明的"粗放性色彩"。

(二)人化起点:基于社会发展需求的教育起点论

"人化"即"化人",人化起点即把根据社会需求化人作为教育的起点。人化起点不等同于社会本位,更非对人本、生本的违反或背离。之所以考虑社会需求,正是为了凸显人本和生本,因为这样更能够体现育人的责任感、

---

① 夸美纽斯.大教学论·教学法解析[M].任钟印,译.北京:人民教育出版社,2006:89.
② 卢梭.爱弥儿论教育[M].李平沤,译.北京:商务印书馆,1996:5.
③ 卢梭.爱弥儿论教育[M].李平沤,译.北京:商务印书馆,1996:7.

使命感。与自然起点论将人的自然本性作为教育起点不同,人化起点论更强调后天和外力的作用,认为自然天性的发挥,要凭借社会需求这一标准加以引导和规约。

根据社会需求化人,首先要明确什么是社会需求。社会需求就是社会在政治、经济、文化、科技、生态等方面的发展诉求。其次,还要明确社会需求是什么。前者是一个事实问题,而后者是一个价值问题。基于不同的价值判断和价值取向,可有多种关于"社会需求是什么"的回答,如何从中选出最核心、最重要、最迫切的需求作为化人的起点,这是值得反复推敲和斟酌的议题。况且对社会需求的把握本身就是一大难点,若无法充分而恰切地了解和感知,社会需求就是一种"伪需求",只会误导教育。最后,要明确社会需求到底是个体的社会需求还是某一群体的社会需求,抑或是某一社会乃至人类的整体需求,三者断然是不一样的。随着社会的变迁,不同历史阶段的社会需求差异更是不啻霄壤。可见,社会需求既是纷繁复杂的,也是不断变化的,这更加大了基于社会需求化人的难度。

虽然社会需求难以把握,但也非无解,更不可因此抹灭教育中人化起点论的事实。同样主张自然教育,裴斯泰洛齐高于卢梭的地方在于,他"把握了一个卢梭从未意识到的真理,即人的自然发展是一种社会发展"①。从社会需求的角度规约个体发展,这就带有一定的人化意味。杜威的教育思想中也隐藏着这种观点:一方面,他主张儿童中心论,站在传统教育的对立面上,将儿童从外界的各种桎梏和枷锁中解放出来;另一方面,他又基于实用主义哲学,提出了社会中心论。二者看似矛盾,实则内在统一。在杜威看来,"社会效率的取得不是通过消极限制个人的天赋能力,而是通过积极的利用个人的天赋能力,去做具有社会意义的事情"②,认为社会需求是育人的标尺。

相比于自然起点论的"粗放性色彩",人化起点论具有"集约性特征",它避免了诸多"绕远"或"走弯路"的过程,因而也更具高效性。当然,这必

---

① 郭法奇.儿童观与教育:杜威思考的维度与内涵[J].河北师范大学学报(教育科学版),2020(5):6-15.

② 约翰·杜威.民主主义与教育[M].王承绪,译.北京:人民教育出版社,2001:131.

须以保障科学性为前提。再次强调,人化起点论的科学性直接取决于人们针对社会需求进行价值判断的适切性、合理性,若这种判断不恰切、不合理,结果自不待言。殷鉴不远,在应试教育盛行的年代,将"化人"演绎成"化分数"就是典型例证,这与社会需求定位存在偏差不无关系。

教育的自然起点和人化起点以及它们在现实中的选择困境,共同构成了教育生发起点的复杂性,产生"两难命题"。尽管自然起点和人化起点超越和消解了社会本位和个人本位的二元对立和激烈论争,在教育要坚持人本、生本的问题上走向了共识,但是,其背后仍然隐藏着自然性与社会性在人类实践活动中难以根除的"零和博弈"。只不过,不是将博弈的矛头聚焦教育目的,而是转向教育起点。这场博弈的结果将触发一系列"连锁反应":教育教学体系的构建、教育理论与实践的发展、教育决策和改革的走向以及不同的教育教学效果。

其实,面对该命题,我们并不一定要做"非此即彼"的处理,基于复杂性视域以及实践唯物主义的立场,我们可以且应该有"第三种选择",即"既要这样也要那样"①,形成教育发展的"双起点"。这也是教育内外部关系规律的要义。教育是立体的、多面的、在关系中整体生成的,教育的生发过程,亦即教育内外部关系的生发过程。教育既要从个体的自然本性出发,尊重和释放天赋,让个体在不断试误的"内省"中自发成长,也要立足社会需求,打通"外铄"通道。唯有如此,方可展现教育的张力和全面性,无论偏袒哪方,都会失于片面。

二、教育要素构成"关联互系"

教育要素是教育活动的组成部分,是决定教育发展不可或缺的内在条件。长期以来,学界就教育要素构成问题曾出现过"三要素说""四要素说""五要素说"和"六要素说"等观点。其中,以教育者、受教育者和教育影响为内容的"三要素说"最先发轫;在此基础上,有学者将"教育影响"置换为

---

① 李枭鹰.复杂性视域中的高等教育两难选择[J].中国高教研究,2008(11):31-34.

"教育措施"①;后来,又有人给出"教育中介系统"②的提法;还有学者将三要素看作教育主体、客体和教育资料③;另有观点针对"受教育者"的指称予以质疑,指摘其"将教育对象看成比较被动的存在",这"在逻辑上是说不通的,在实践上也是有害的"④,故主张以"学习者"取而代之。"多要素说"是"三要素说"的细化和衍生。教育要素构成的争论至今未平息,但是从总体上看,"教育者、受教育者和教育影响"的划分尽管颇受诟议,却始终流行。下面我们以该论说作为基础,从相互规定和相对独立两个角度,探讨教育构成要素的复杂性。

(一)相互规定:关系的复杂

教育构成要素的复杂性,表现之一为关系的复杂性,即教育者、受教育者和教育影响之间的相互规定、相互作用。具体而言,它又分为角色关系的复杂性和地位关系的复杂性。

从角色关系的复杂性看,主要表征为三要素之间的关联和互动。首先,教育者和受教育者存在关联和互动。受教育者即学生或家庭中的晚辈,是教育活动中以"学"为主业的人,作为教育的对象和中心;教育者即教师或家庭中的长者,是教育活动中以"教"为主业而服务于学的人,是教育活动的主导者、引领者和组织者。二者属于一种教与学、引导与被引导、组织与参与组织的关系,共同构成教育主体。其次,教育者和教育影响存在关联和互动。无论是厘定教育目标、编排教育内容、选用教学方式或方法、选取教学组织形式,还是创设与营造教育环境,无不需要教师发挥"明灯"或"领航"作用,充当教育影响的首要缔造者和主要掌控人。同时,教育影响的反馈信息,又进一步优化和完善教育者的教育行为。最后,受教育者和教育影响存在关联和互动。受教育者并非教育影响的被动接收者或消极承受者,之所以称之为"受教育者",乃是出于同"教育者"的指称相对应的考虑。受教育者的参与和投入,本就是教育影响的题中要义,他们是教育影响的次要缔造

① 王汉澜.教育学[M].开封:河南大学出版社,1989:39-40.
② 王道俊,郭文安.教育学(第六版)[M].北京:人民教育出版社,2009:17.
③ 陈桂生.教育原理[M].上海:华东师范大学出版社,1998:3-41.
④ 全国十二所重点师范大学.教育学基础[M].北京:教育科学出版社,2014:5-7.

者或共同生成者。

从地位关系的复杂性看,主要表征为三要素的地位具有弹性,应根据需要灵活调整,这一般是就教育者和受教育者而言。我们常说,教育活动要保障师生的"双主体"地位,或"以学生为主体、教师为主导"。事实上,这是对传统教育师生关系极度失衡的一种匡正或纠偏。无论是双主体,还是学生主体、教师主导,在特定教育中的呈现都会动态变化。从纵向来看,不同学段师生的地位关系存在差异:幼儿园和小学低年级时期,学生生活能力较差、知识储备较少,这时,教师的作用无疑更为突出;而随着学生年龄及其主体性的不断增加或增强,自主学习将占据优势,学生的地位势必会凸显出来。从横向来看,针对知识、技能、智慧、方法、人格、素养等教育内容,有些需要在教育者的悉心指导下获取,单凭学生之力效果不佳;有些则主要依靠学生的悟性,在潜移默化中获得提升;还有一些必须借助严格的训练,经由师生的共同努力,才能收获成效。可见,教育者和受教育者的地位并非固化不变的,应根据需要灵活调整。

(二)相对独立:复杂性的分视

非但三要素之间相互规定、相互作用,互成复杂的关系系统,同时,每种要素内部亦是一个杂厝的"关系共同体",在相对独立中,自成其复杂性,需要分别对待和考察。

教育者的复杂性主要包含两个方面:一是教育者作为普通个体的复杂性。从该角度看,教育者在人格特质、性格特征、情感表现、思维水平、为人处事方式等诸多方面都存在出入,甚至相去甚远。在教育过程中,这些因素会被受教育者不同程度地了解和感知,对其成长产生"春风化雨"的作用。二是教育者作为为人师者的复杂性。这关系到教师在通识性、专业性方面的学识、能力、素养、方法,有无广博而精深的学识、突出而专业的能力、深厚而优质的素养、切适而多元的方法,产生的教育教学成效可能截然不同。

受教育者这一庞大群体内部的差异性、复杂性更加明显。我们暂且将这种差异界定为"资质不一"。社会学中存在一对概念:先赋因素和自致因素,我们认为,也存在先赋性资质和自致性资质。"先赋因素是指个人生而具有的或自然获得的属性……自致因素是指个人由于自己的行为或经过自己的努力而得到的一些属性。"①在此意义上,先赋性资质即"先天赋予"的资质,自致性资质即"自身达致"的资质。前者在此处主要是指天赋和气质。天赋的个体差异性在于:一方面,天赋有向度、类型之分,如语言天赋、音乐天赋、绘画天赋、数学天赋、运动天赋等,不同个体的天赋存在这样或那样的差异;另一方面,天赋还存在高低、优劣之别,这从"天赋异禀""天资平平""天生愚笨"等形容词中即可窥见。同一天赋,不同个体的表现程度是不一致的。与天赋不同,气质只是给人们的言行举止"涂抹上某种色彩",并无好坏之分,但是这种色彩基调也塑造了个体差异,提醒教育者要根据学生的气质特点,采取适宜的教育手段。自致性资质包括个性、思维、兴趣、需要或动机、行为表现等内容。个性是人在后天成长过程中所形成的基本身份标签;思维水平的差异是影响学生的学能否有效甚至高效地对接教师的教,它是客观层面上的一个关键点;兴趣、需要或动机是影响教育实施能否收获成效,以及在多大程度上收获成效,它们是主观层面上的要点;行为表现是心理活动的外显,心理活动的复杂性决定了学生的行为表现。先赋性资质和自致性资质都是就自然人而言的。然而,在如今的智能时代,受教育者必将冲破自然人的樊篱而把机器人囊括在内。正如潘懋元先生在论述高等教育时所说,"高等教育既要培养自然人成为创新创业的专门人才,还要'培养'机器人的伦理道德思想和法律知识,使之成为智慧人"②。集自然人智慧于一体的智慧人的加入,加剧了受教育者的复杂性。

在教育者、受教育者和教育影响的复杂性中,教育影响尤其需要关注。其主要表征为三对关系:一是变与不变的关系。教育影响或教育内容是异质且异构的:有些教育内容需要不断"新陈代谢",将新的、精华的东西吸收进来,把旧的、糟粕的东西剔除出去;有些内容却类似于要素主义、永恒主义不变的"要素"或"经典",历久弥新。二是总量与增量的关系。随着信息爆炸时代的到来,教育内容在单位时间内的增量,在总量中的比重逐渐增高,

---

① 易益典.社会学教程(第三版)[M].上海:上海人民出版社,2013:310-311.
② 潘懋元.新时代中国高等教育改革与发展:今天、明天与后天[J].高等教育研究,2020(9):1-3.

这带来教育内容选择的复杂性。如何从中选取？从中选取什么？将成为亟待破解的难题。三是教师教学与机器教学的关系。科技的突飞猛进为教育教学方式或手段的发展注入了新元素，多媒体教学设备的问世及其更新换代的速度之快，正推动着教育从实体的、直接的、线下的"教师教学"发展演变为"教师教学"与虚拟的、间接的、线上的"机器教学"相统一。后疫情时代下，相信我们已充分领略了后者的"风采"。未来，如何实现教育教学过程中实体与虚拟、直接与间接、线下与线上的统筹兼顾，必将成为教育改革与发展的一项重要议题。

教育要素的复杂性，兼具各种要素内部的复杂性和要素之间的复杂关系。进一步看，这种复杂性又源自教育教学活动是人与人之间、生命与生命之间的一种交往活动。在此意义上，教育学亦即"人学"。人的复杂性以及交往的复杂性，决定了教育要素的复杂性。

三、教育目的取向"双重兼顾"

教育目的存在"显性目的"与"隐性目的"之分。前者是明确呈现的、显见的教育目的，后者是相对模糊的、潜在的教育目的。二者相辅相成，共同构成教育目的的总体内涵。

（一）"成人"和"成才"：对接"立德树人"的显性目的

关于教育目的，党的十九大报告提出的教育方针指出，"落实立德树人根本任务，发展素质教育，推进教育公平，培养德智体美全面发展的社会主义建设者和接班人"。其中，"立德树人"是该表述的精髓。"立德"即树立德业，"树人"即培养人才。前者"强调的是人之为人的根本"[1]，后者"强调的是人才培养目标的全面性"[2]。由此，立德树人不只是一个德育命题，亦非单纯的育人问题，而是"人""才"的一体，"人"和"才"共成教育的显性目的。

教育学生"成人"是"成才"的条件和根基。在当代中国话语体系下，

---

① 刘娜,杨士泰.立德树人理念的历史渊源与内涵[J].教育评论,2014(5):141-143.
② 刘娜,杨士泰.立德树人理念的历史渊源与内涵[J].教育评论,2014(5):141-143.

"成人"就是要"成时代新人"。其要义有三：一是"成有德之人"。德行是教育育人、个体成人的核心和关键，相较于教育育才和个体成才，"人"的培育和长成更为根本。"有德无才至多培养'半成品''残次品'，有才无德却可能造就'危险品'""有德无才者虽不能造福一方，但总能行走于世"①。二是"成有梦之人"。此处的梦，一方面指中国梦，即中华民族伟大复兴之梦；另一方面也指个人梦，即成千上万中华儿女各自怀揣的梦想。作为一个时代新人，既要心怀中国梦，与祖国同呼吸、共命运，竭尽"匹夫之责"，又要构筑个人梦，并将二者合而为一，以国家之梦指引个人之梦，以个人之梦作为实现国家之梦的依托，达到"你中有我、我中有你"的境界。三是"成有志之人"。"志"有两层含义，其一指"志向"或"志愿"，据此，"志"与"梦"可谓异曲同工；其二指"志气"或"意志"，这是达志（即"志向"或"志愿"）和追梦的动力与支撑，更多强调"保持向上的推力"。此处的"志"，偏重于后者。

培养学生"成才"是"成人"的延伸。但须指出，从成人到成才，并非一种强制性的拔苗助长过程，而是一个自然而然、水到渠成的生长过程。当然，其前提是个体必须成为一个"时代新人"，即有德、有梦和有志之人，在三者的铺垫、衬托和加持下，成才势在必行，与成人达致"共赢"局面，受教育者也因此而成为真正的"人才"：既非钱理群教授抨判的"精致的利己主义者"，也非威廉·德雷谢维奇（William Deresiewicz）笔下的"常青藤的绵羊"，更不是梁思成先生口中的"半面人"或"半个人"，即"只懂技术而灵魂苍白的空心人"或"不懂技术而侈谈人文的边缘人"，而是德与智、灵与肉、理想与现实内在统一的"人才"。值得一提的是，成才的标准是多维的、多面的，并不囿于"精英之才"，精英只是社会顶层的少数人士，如果唯有成为常规意义的"精英"方可称之成才，那么，就在相当程度上降格甚或否定了教育的价值，从而抹杀普通大众的进取心和积极性。事实上，任何行业领域中的佼佼者和有一定成绩、建树、造诣的人，都可纳为成才的题中之义。

---

① 唐德海,李枭鹰,郭新伟."课程思政"三问:本质、界域和实践[J].现代教育管理,2020(10):52-58.

（二）"成己"和"成事"：显性目的的"潜台词"和"弦外音"

在"成人"和"成才"的显性目的下，还隐藏着"成己"和"成事"两大隐性目的。成己是成人、成才的源起和奠基，是成人、成才的"潜台词"；成事是成己、成人、成才的走向和外化，在某种程度上可看作人才培养的"弦外音"。

所谓"成己"，顾名思义，即成为自己。在成己、成人、成才、成事中，成己是教育的首要目的，其他三者之成必须以自我之成作为先决条件，否则，成人、成才和成事就好比无源之水、无本之木，如同建于沙堆的城堡，一触即溃。成己，一是成为独立的自己，即成为本人、而非他人，不是任何人的附属品，也不是任何人的衍生物，而是具备独立思想、健全人格、饱满精神和强大内心的独特个体。为此，教育必须摒弃人才培养中长期采用的"批量化生产"模式，深入了解和挖掘不同学生的个性特征，扮演好"产婆"角色而非"产妇"角色，释放学生的天赋，推动学生的个性发展。二是成为真实的自己，即成为真人，而非"假面之人"。诚如陶行知先生所言，"千教万教，教人求真；千学万学，学做真人"。只有成为一个真实的人，才可能具备优良的道德涵养、妥当的处事风格、不俗的境界视野和突出的人格魅力。

成事，是成己、成人、成才的具体表现，是对个体德行、志向、意志、经验和才能的一种投射和外显，个体的这些属性经常体现在成事方面。在某种程度上，成事可视为个体德行、志向、意志、经验和才能的衡量尺度与评判准则。教育应当引导学生成己、教导学生成人、培养学生成才，在此基础上还要激发学生成事，将教育塑造的独立而真实的自己、时代新人的角色，以及才能、智慧转化为现实而真正的生产力。成事与成己、成人、成才密不可分，个体在成事中成己、成人、成才，同时也在成己、成人、成才中成事。

综上所述，作为显性教育目的的成人、成才和作为显性教育目的"潜台词""弦外音"的成己、成事，共同构成了教育目的的"四维共生结构"，勾勒出教育目的导向的复杂性。从根本上看，这种复杂性根植于教育目的的多元性、层次性、递进性、共生性和整体性，内在关联着教育本质、教育规律、教育价值，以及对科学化、合理化、序列化的教育路径，深刻而全面的教育内容的呼唤和追求。教育目的的复杂性，要求课程教学必须全面考虑个体成长的核心要素，使知识、技能、智慧、方法、人格和素养的"内容集合体"共同为个体成己、成人、成才和成事保驾护航。

四、教育场域空间"多位一体"

教育实施有其特殊的场域。"场域"一般是指法国社会学家皮埃尔·布迪厄(Pierre Bourdieu)社会学体系中的一个概念,也是其理论中最核心和最根本的概念。在布迪厄看来,"一个场域可以被定义为在各种位置之间存在的客观关系的一个网络(network),或一个构型(configuration)"①。由此引申,教育场域系指"在教育者、受教育者及其他教育参与者相互之间所形成的一种以知识的生产、传承、传播和消费为依托,以人的发展、形成和提升为旨归的客观关系网络"②。教育实施是多场域的,其中既有"主域",也有"次域",它们之下还有若干"支域"。

(一)学校:教育实施的"主域"

学校是教育的主渠道、主阵地和主战场,是教育实施的主域。学校的主域作用一般由其三个"支域"体现出来,分别是课堂教学、校园文化和宿舍,以课堂教学的正面、显性力量为主导,校园文化和宿舍的侧面、隐性力量为辅助。相比于家庭、社会和自然场域,学校之所以能够成为教育实施的主域,一是目的专一。学校是专门从事教育的场所,除教育活动外,其他任何活动都只作为协助或配合,都围绕教育教学这一中心;相比之下,教育只是家庭、社会具有的功能之一,家庭、社会的组建和存在并不是出于教育的目的,自然场域更不待言。二是形式正规。学校教育是在专门从事教育教学工作的教师指导下的一种有目的、有计划、有组织、有系统的教育活动,以其结构性、制度性、规范性和可控制性取胜,可以针对教育效果和育人质量提供更加可靠和优质的保障;而家庭、社会和自然场域提供的教育影响相对开放、随意和零散。三是力量强大。相比于其他场域,学校在教育资源占有及配置方面同样呈现出"压倒性"或"系统性"的优势,不仅各类基础设施设备

---

① 布迪厄,华康德.实践与反思——反思社会学导论[M].李猛,等译.北京:中央编译出版社,1998:133-134.

② 刘生全.论教育场域[J].北京大学教育评论,2006(1):78-91.

一应俱全,具备教育实施必备的硬件基础,而且还拥有健全的班级以及各式集体,校园环境和文化氛围也在潜移默化中发挥着育人作用,营造出良好的制度条件和心理条件。从个体发展的时间轴看,个人的许多黄金时期正是在校园中度过的。学校作为一种场域,对于教育的意义可见一斑。

(二)家庭、社会和自然: 教育实施的"次域"

家庭是教育的起点和人生的基石。常言道:"三岁看老。"这句人尽皆知的俗语,直白而犀利地点出了自小习得的行为习惯对于人成长的影响。该俗语是否科学准确,暂且搁置不论,但须肯定,它所折射的观点是显而易见的:幼儿期的家庭教育至关重要。我国素有注重家庭教育的传统,自古以来,不仅有优良的家庭教育实践,还有针对家庭教育的研究,《诫子书》《朱子家训》《颜氏家训》《曾国藩家书》等家训体著作的层出不穷就是例证。在当代,个体在接受正规教育之前,也都在家中打下了一定的教育基础,包括基本的行为习惯、生活技能和一些粗浅的知识教育。家庭无疑是个体最早接触教育的场所,是教育之源,也是人一生发展最初的"起跑线",因此,家庭必须与学校密切配合,形成同向同行的"场域合力",这是早期教育的题中要义,也是奠定个体终身发展的必然要求。

社会是教育的另一"次域",其概念出现较晚。据文献记载,社会和教育的连用始于德国。1835 年,德国学者狄斯特威格(Adolf Diesterweg)在《德国教师陶冶的引路者》中最早使用"社会教育"一词。[1] 在我国,这一概念的运用则肇始于 1912 年中华民国教育部设立社会教育司。广义地看,社会教育就是"有意识地培养人,并使人身心和谐发展的各种社会活动"[2];狭义地看,则指"由政府、公共团体或私人所设立的社会文化教育机构对社会全体成员所进行的有目的、有系统、有组织、独立的教育活动"[3]。教育要实现"个体的社会化"和"社会的个性化",必须走向社会的"大舞台",接触形形色色的人、事、物,方可将学校和家庭中的所学转换为真正的资本,成为一个真正的"社会人"。

---

① 詹栋梁.现代社会教育思潮[M].台北:台湾五南出版社,1991:3.
② 侯怀银.中国社会教育研究的若干问题[J].教育研究,2008(12):39-43.
③ 侯怀银.中国社会教育研究的若干问题[J].教育研究,2008(12):39-43.

遗憾的是，社会教育的"失声""缺位"，已成为当下不容忽视的事实。如何将学生适时适度地从学校或家庭的"圈养"中解脱出来，走向社区、走向社会，长期来看，仍是一个待解决的难题。学校或家庭的"圈养"，导致教育场域的断层和割裂，伴生个体发展的不均衡和不完整。除此之外，"自然环境缺乏症"（nature-deficit disorder）亦引发关注。这是美国作家理查德·洛夫（Richard Louv）提出的一个概念，描述的是儿童在其成长过程中与大自然相脱离的一种现象。之所以产生这种现象，一方面可能源于意识的缺欠。无论是教育理论界，还是实践领域，"人与自然共生"的理念并未被充分认识和建立起来，不懂得大自然是生命的源起之一，自然也就不会重视；另一方面，还可能与安全问题有关。安全问题是教育走进自然必须考虑的一个现实而严峻的问题，出于对可能出现安全隐患的顾虑，教育走向自然的步伐势必遭到阻挠或遏制。可见，教育要想顺利走向自然，除了要将"人与自然共生"的观念认知内化于心，还必须在安全机制上下足功夫，在学校、家庭和社会之间搭建起理解和信任的桥梁。

教育实施场域的复杂性，不仅在于场域之多，不同场域各有其实施要点，还在于不同场域在作用力方向上经常不一致，甚至难以调和。学校鉴于其目的性、计划性、组织性，在大多数时候都扮演着一个正面的角色，而家庭、社会和自然场域，在目的性、计划性、组织性，教育的专门性和专业性，以及监督和保障上比较薄弱，偶尔会产生与学校教育宗旨相背离的情况，给个体的成长带来一些负面影响。当然，学校场域也并非完美。这提醒我们，在探讨教育问题时，可以"言必称学校"，却不可"言只称学校"，要使四个场域相互配合、四管齐下、明晰边界、各司其职；要明白教育实施的"次域"之"次"，只是顺序之"次"、地位之"次"，绝非质量之"次"、要求之"次"；提升对家庭、社会和自然场域的关注度，监督和保障这些场域的教育质量。

五、教育类层结构"互涵交织"

教育存在类型和层次之分。前者是根据教育对象、任务、内容或形式所进行的划分，主要有学校教育、家庭教育和社会教育三种类型（"自然"只是教育实施的场域而非类型，是学校教育、家庭教育和社会教育突破自身固有场域而延伸的场域）；后者是按照教育对象的年龄差异、培养目标的不同要求，以及教育内容的多少和难度系数的大小等因素进行的教育排序，主要有学前教育、初等教育、中等教育和高等教育。不同类型、不同层次的教育，在关系中自成复杂性系统，同时，类与层的纵横交错、相互交织，又互成教育类层结构的复杂网络。

（一）教育的类中有类

"类中有类"是指教育类型在横向上的继续延展。学校教育也好，家庭教育、社会教育也罢，三者都不是教育类型的"基元"，其下尚可细分，形成"次类"。譬如，学校教育可继续分为普通学校教育、成人学校教育、职业学校教育和特殊学校教育。四者之下，又有"次类的次类"：以普通学校为例，不仅有公办和民办之分，还有重点与非重点之别；成人学校不但包含针对普通成年人的电大、夜大、职工大学，还有为老年人专设的老年大学；根据不同的学科门类以及职业分工，职业学校有医学类、技工类、师范类、农林类、语言类等多种类别；综合性特殊学校（集听力障碍、智力障碍、孤独症、脑瘫、多动症等多重残疾）是比较常见的特殊学校形式，然而除此之外，还有聋哑学校、培智学校等具有单设性的特殊学校。事实上，从特殊儿童的界定来看，特殊学校除应面向发展明显低于正常水平的儿童外，还应秉承因材施教的原则，将发展明显高于正常水平的儿童收入其中专门培养。但是基于对评判标准的模糊性、心理发展的失衡性、管理工作的复杂性以及教育教学的高难度性等一系列现实问题的考量，超常儿童学校并不多见，常借由普通学校中设立的"实验班""卓越班"等形式来突出其特殊性。上述次类及其分支叠加在一起，共同构成学校教育的"类型群"。家庭教育和社会教育亦不例外：根据教养模式的差异，教育社会学常把家庭教育分为民主型家庭教育、专制型家庭教育和放任型家庭教育等类型。从现实依据看，依据不同的举办主体，社会教育往往存在社会举办型和学校举办型两种类型；按照不同的场地或载体，二者之下又囊括少年宫教育、图书馆教育、博物馆教育以及各类补习学校、技术培训班、讲座、报告会、报纸杂志、广播电视、电影等形式。这同样塑就了家庭教育和社会教育的庞大类型群。

（二）教育的层中有层

与"类中有类"相对应，"层中有层"是教育层次在纵向上的持续分化。正如学校教育、家庭教育和社会教育并非教育类型的基元一样，学前教育、初等教育、中等教育和高等教育亦非层次的基元，四者之下存在若干"次层"。例如，学前教育包含托幼班、幼儿园、学前班等次层，不同次层的定位和受众存在差异，托幼班主要招收 1—3 岁的婴幼儿，目的在于一定程度地解决家长难以兼顾工作和生活的问题；幼儿园是学前教育的主体和重心，面向 3—6 岁的儿童；学前班是学前教育和初等教育的过渡，旨在完成"幼小衔接"。初等教育即小学教育，其次层表现为不同的分段，即低年级段、中年级段和高年级段，每一分段通常包含两个年级。中等教育的次层有二：初中阶段教育和高中阶段教育。高等教育则分专科、本科和研究生三大次层，其中，研究生又分硕士研究生和博士研究生两个"次层的次层"。上述次层及其分支共同构成了教育的"层次群"，呈现出层次的"集合性"。

（三）教育的类中有层

学校教育既能够在横向上划分次类，还能在纵向上分别层次，如幼儿学校教育、初等学校教育、中等学校教育和高等学校教育，表现出教育的"类中有层"；家庭教育和社会教育的层次划分虽不明显，但同样有之。譬如，就合格的家庭教育而言，在个体成长的不同阶段，它的施教重点、教育方式等都有所区分，这一随着个体发展而产生的区分，就凸显出家庭教育的层次性。针对不同年龄段或不同文化水平的个体，社会教育在发挥育人功能时亦要体现层次性和针对性。譬如，青少年、大学生群体的社会教育通常以少年宫、图书馆、博物馆、讲座、报告会等途径开展，成年人的社会教育则增添了职业技术培训班等形式。

"类中有层"和"类中有类"存在诸多共通点，都是拿放大镜将某一"类"的细节和纹理一一呈现出来。"类中有类"呈现出横向的细节和纹理，而"类中有层"表现出纵向的细节和纹理。由此产生的各个次类、次层及其分支就成为教育类层结构这张复杂"网"上的各个结点，虽然十分微小，却能以小见大，从中窥见教育类层结构的复杂性。

（四）教育的层中有类

"层中有类"是针对某层的细节和纹理的窥探。若说"类中有层"是基于类的分层，那么，"层中有类"就是基于层的分类。据此，学前教育、初等教育、中等教育和高等教育除可进行纵向分层，亦可与学校教育、家庭教育、社会教育等类型进行横向的链接、组合。以学前教育为例，横向地看，它不仅包含幼儿园场域下的学前教育，也包括家庭学前教育，同时还包括社会场域中的各种学前教育。层次与类型的链接、组合并非必然指向学校教育、家庭教育和社会教育。举例而言，高等教育的实施主要依托高等学校，家庭所能够发挥的高等教育力量微乎其微，社会发挥的高等教育力量也相对较弱（当然，也不能一概而论，诸如校企合作、社会实践、产学研结合等发挥的高等教育力量绝不可忽视）。鉴于此，高等教育的分类一般只是就高等学校教育而言，有普通高等教育、成人高等教育和职业高等教育之分。

在我国现行分支型学制（"Y"型学制）的政策背景下，从纵向层次视点来看教育的横向类型划分时，有必要就"立交桥"问题予以特别关注。一般认为，"Y"的分支点有二：一是发生在义务教育阶段到高中阶段的过渡时期。在此节点上，学生面临第一次大规模的"分流"，一部分学生流入普通高中，另一部分学生流入技校、职高、中专等中等职业技术学校。二是发生在高中阶段向高等教育的过渡时期。在此节点上，学生迎来第二次大规模的"分流"，分别流入学术型大学、应用型本科高校或高等职业技术院校。在此时期，除"分流"外还有来自不同中等学校的"合流"或"汇流"。如何在层次推进中架设起不同类型之间互通来往的"立交桥"[①]，以及如何拿捏与控制互通的"质""量"和"度"，必将引发一连串值得深究的问题。

表面上看，教育的类中有类、层中有层、类中有层、层中有类，只是描绘了教育结构的复杂图景，但在根本上，这种类层结构乃是不同类型、层次的教育在整个教育生态系统中固守其"生态位"，释放其生态功能的必然结果。这种生态位是可以随时变化的、"牵一发而动全身"的。任何一个生态位的变化都可能引发整个教育结构及其功能的变化。这种动态性更加剧了教育

---

① 李峰,李枭鹰.高等教育立交桥与双轨制辨析[J].当代教育论坛,2005(3):79-81.

类层结构的复杂性。

　　教育是一种复杂性存在,我们从教育的生发起点、要素构成、目的导向、实施场域、类层结构五个维度对这种复杂性进行了分析。我们发现,一方面,这些维度内部是复杂的,各有其盘根交错、难解难分的关系网络,自成复杂性系统;另一方面,每个维度与其他维度又互成教育整体的复杂性。总的来说,作为一种复杂性存在,教育表现出多元性、异质性、关联性、非线性、时变性和或然性等特征。上述的每个维度只是部分地反映了这些特征,而非全部;而各个特征也仅仅是部分地反映了教育的复杂性,而未完整地勾勒出教育的复杂性。在复杂性科学的视域下,除复杂性之外,教育到底还蕴含哪些奥秘,包含哪些维度,这些维度又具有哪些特征,仍然是需要不断求解的问题。

第八讲
教育选择的复杂性

选择无处不在,选择无时不在,我们无需去寻找它,只需去揭示它。教育领域处处存在选择,时时存在选择,事事存在选择。就教育领域而言,选择既是普遍的,也是必然的。从选择学的角度看,教育史就是一部教育选择史:一部教育选择主体不断增多的历史,一部教育主体选择权分散和集中相互交迭变化的历史,一部不同教育主体为获取选择权而不断斗争的历史;一部教育选择客体日益丰富和多样的历史;一部教育选择环境日趋变幻莫测的历史;一部教育结构在功能选择导向下不断优化的历史,一部教育功能在个体需求和社会需要刺激下不断提升的历史。

一、机械决定论与非决定论的选择观

关于选择问题,哲学上存在机械决定论和非决定论两种完全对立的观点。按照机械决定论的说法,教育中存在严格的必然性和铁定的因果关系,教育的发展像钟表走时一样机械,其未来发展只有一种可能。按照非决定论的说法,教育中不存在不以人的意志为转移的客观规律,教育的未来发展存在无数种可能,究竟哪一种可能成为现实,是完全不可预知的。我们并不赞同这两种观点,因为二者都未能看到教育兼具有序性与无序性的双重性质,否定了教育中既存在确定性因素也存在不确定性因素这一客观事实,遮蔽了教育活动的复杂性。

一直以来,教育实践受机械决定论的影响较大,人们普遍将教育视为一种以理性为基础和出发点的简单教育,即教育目的事先被预设。教育过程中各种可能性为一种可严格预期的运作模式所替代,教育行为被严格控制,

教育结果相应地成为教育计划的附属品,主体的选择性被扼杀,教育内部诸因素之间、教育与外部环境之间立体网络式的非线性相互作用与联系被忽略不计甚至被排斥。人们千方百计地企图探寻教育中铁定的因果关系和严格的必然性,妄图为教育设计一个一劳永逸的操作方案,很少关注或重视教育的无序性、偶然性和不确定性,甚至为了达到某种预期的目的和效果,人为地忽略或剔除教育中某些起重要作用而无法把握的因素。

教育是一种非常复杂的社会实践活动,教育内部诸要素之间以及教育与外部环境之间存在非常复杂的非线性相互作用。简单地将教育视为一种可操作的技术性行为,或人为地遮蔽教育中的偶然性因素与不确定性因素,违反了教育的复杂性。这不仅不利于揭示教育活动的本质特征,还会否定和扼杀主体对教育的能动作用。我们需要转换教育思维与教育视角,正视教育本身的复杂性,直面教育中的无序性、偶然性和不确定性,及时对当前割裂和化简教育的行为进行纠偏,彰显教育主体的能动性和选择性,实现民主化和人性化的教育。

二、现代教育对选择性的诉求

世界是有序性与无序性的统一,而且有序与无序不可或缺,用埃德加·莫兰的话说,世界"既不可能是纯粹有序的也不可能是纯粹无序的,因为在一个只有无序性的世界里任何事物都将化为乌有而不可能存在,而在一个只有有序性的世界里万物将一成不变,不会有新东西发生"①。这意味着,世界既不是机械决定论的,也不是非决定论的,而是集机械决定论与非决定论于一体的辩证决定论的,具有有序性和无序性交混的性质;单纯的有序性和确定性,或纯粹的无序性和不确定性,不可能对世界做出完全的解释和圆满的解答;单纯的机械决定论或纯粹的非决定论,无法对客观世界的发展状态与发展趋势做出完整的描绘和刻画,因为机械决定论可以刻画客观事物某一层次的确切状况,但不能描绘事物整体的发展趋势,而非决定论可以描

---

① 陈一壮.埃德加·莫兰的"复杂方法"思想及其在教育领域内的体现[J].教育科学,2004(2):1-5.

述事物整体的发展趋向,但不能准确刻画事物整体中个别因素的状况。

无论是自然过程还是人类社会过程,皆具有有序性和无序性交混的双重性质,即既包含决定性的和可逆的因素,也包含随机性的和不可逆的因素。如此,当一个由涨落驱使的系统在从旧状态过渡到新状态、从旧结构跃向新结构的临界点上,无法控制与无法预知的随机作用会使系统失稳,按照不止一个分支或一条路径演化为新的系统。系统演化的多分支性、分叉性、多路径性为选择提供了可能性和前提条件,而系统最终会按哪一个分支演化,则取决于系统自身与环境之间的双向选择。

教育属于复杂性社会组织系统,教育内部诸组成要素之间以及教育与外部社会环境之间存在复杂的非线性相互作用,因而教育中的因果关系的表现形式多种多样,即教育的某个或某些结果与特定的一个或多个原因之间的必然联系,并非铁定的一因一果,往往表现为一因多果,或一果多因,或多因多果。这源于教育的发展在本质上是一个在特定的一个或多个原因作用下获得某个或某些结果的运作过程。在此过程中,如果我们将所有的原因表示为"条件集":$\{C_i\}_j$,把所有的结果表示为"现象集":$\{E_p\}_q$,两个集合间的对应关系为F,那么相应的因果关系可一般形式化为:$F:\{C_i\}_j \rightarrow \{E_p\}_q$,其中:$i,j,p,q=1,2,3,\cdots$由此不难看出,教育结果的可预见性取决于两个要素,即条件集与对应关系是否确定。

从世界是普遍联系的角度看,与某种特定的教育结果相关的前提条件原则上是无穷多的,我们委实难以把握条件集中的每一个,因而在现实中考虑教育的因果性只能在忽略某些微小原因的理想情况下进行。况且,即便能够把握所有的教育条件,观察也不是完全精确的,每个不断变化的教育条件始终存在不确定的成分。因此,教育中的因果决定性只能是条件与结果之间确定不移的"对应关系",其中并不包括条件的确定性和结果的可预见性,我们能够把握的只能是条件与结果之间确定不移的"对应关系"。教育的这种因果决定性揭示,"教育活动的因素、过程与其结果之间的相关关系也是概率论的,而不是决定论的"[1],我们很难对其进行准确的刻画和描述。

----

[1]　项贤明.泛教育论——广义教育学的初步探索[M].太原:山西教育出版社,2000:501.

教育中因果关系的复杂性还揭示了教育的未来发展存在多种但数目有限的可能性,这些可能性的集合便构成教育发展变化的可能域。既然教育发展的可能性表现为一个"可能域"或"可能性集合",那么在前在条件或原因的作用下,历经一段特定时间的作用之后所产生的结果就可能是多个,而最终是哪一个结果得以实现,要结合教育的内外部条件才能加以预判和阐释,因为教育究竟如何演化发展是教育系统自身与社会环境双向选择的结果。教育发展可能域或可能性集合的存在,一方面揭示了教育选择的必要性,而控制就是对教育发展可能性集合中那种符合教育规律以及主体利益和需要的教育状态的选择。可以认为,一部教育发展史就是一部教育选择史,今天世界各国的教育就是经历无数次选择积淀的结果。另一方面也揭示了教育选择的可能性。从本质上讲,教育选择是一种面向未来的"多中选取"的活动,或者说是一种建立或废除某种"教育关系"的活动。在既定的历史条件下,教育的发展只有存在多种可能性,教育主体才能有意识、有目的地从中选取一种或多种,抑或建立或废除某种教育关系的基础。假如教育的发展只有唯一的一种可能,像钟表走时那样机械,主体便不会有任何选择的余地,只能亦步亦趋地按教育的所谓"自然秩序"运作。

三、简单教育对教育选择权的扼杀

立足于教育的不确定性、多样性和多可能性,我们不难发现教育具有可选择性。若不能洞见此理,或缺乏对此理的深刻认识,我们就容易忽视甚至扼杀教育主体能动性和教育主体选择权。机械决定论否定教育的可选择性,在其支配下的教育表征为一种扼杀教育主体能动性与教育主体选择权的简单教育。

在机械决定论看来,两种现象之间存在严格的线性因果关系,即一组确定的初值得出一条确定的轨道,系统按某一给定的轨道变化,轨道一旦给定就永远给定了,轨道的起点一举决定系统的过去与未来。人们可以根据事物的初始状态准确地判定事物的整个运动,预知这个事物在每个定时点上的运动状态。用机械决定论代表人物拉普拉斯的话说,"我们应当把宇宙的现在状态看作是它先前状态的结果,随后状态的原因。假定有一位超人智力的神明（intelligence），它能够知道某一瞬间施加于自然界的所有作用力以及组成自然界的所有物体的瞬间位置，如果它的智慧能够广泛地分析这些数据，那么它就可以把宇宙中最重的物体和最轻的原子的运动，均纳入同一公式之中；对于它，再也没有什么事物是不确定的，未知和过去一样均呈现在它的眼前"[1]。

不言而喻，机械决定论为我们描绘和刻画了一幅具有标准性、规范性和周期性的世界图景：客观世界在本质上是严格有序的，无序只是表面现象或暂时现象，万事万物都处于一个封闭的系统之中，并呈现出一种单向的线性因果联系；一个事物的产生与变化既是前一个事物产生与变化的结果，同时也是为下一个事物的产生与变化提供一个原因。秩序和规律充斥于整个系统之中，系统的演进因其严格的线性因果关系可以为人们所认识和预测，科学能够而且必定能够通过对世界运动规律的把握而征服和控制世界，而人类理性的功能也正在于探求对象世界中的有序性，揭示和把握客观世界的运动与发展规律。

长期以来，由于深受机械决定论的影响和支配，不少人将教育视为严格有序的和完全确定的，认定教育中存在严格的必然性，教育的初始条件（输入）与最终结果（输出）之间存在一种必然的线性联结，只要知道和把握教育的初始条件，就必然可以预知和控制教育任一时空点的发展状态，包括最终的发展结果。在这种思维的统摄下，原本复杂的教育被划归为一种简单的程式化操作，即教育目的事先被预设，教育过程中各种可能性为一种规律式的运作模式所替代，教育行为或教育过程被严格控制，教育结果相应地成为教育计划的附属品，教育主体的能动性和选择权被无情扼杀。

这种机械决定论支配下的简单教育还具有如下特征：一是将教育视为一种他组织行为和外塑行为，严格控制弥散于整个教育过程。在简单教育中，外在的控制具有无与伦比的合法性，秩序化、规范化、程式化运作是一种普遍的教育诉求。二是人才培养规模化、标准化和模具化。在简单教育中，师生一对一或多对一的关系被打破，代之以一对多的关系，人才培养走向规

---

[1]　张华夏.决定论究竟是什么？[J].中国社会科学,1993(6):29-44.

模化、标准化和模具化,效率至上备受推崇。在教育运作上,学校成为装配工厂,教育者千方百计地通过严格而缜密的控制把受教育者嵌入一种预先设计好的模具之中,教育的各种要素按严格的因果关系被组织得如同钟表走时一样,教育过程与物质生产部门的工艺流程极为相似,人才培养如同机器的装配过程,结果是一批批具有"异质性"的学生走进来,经过周期性、序列化、标准化和模具化的运作,然后变成"同质性的产品"被输送出去。三是过分强调人的理性特征,忽视甚至排斥人的非理性特征。在简单教育中,教育过程中的各种可能性为一种规律式、可严格预期的运作模式所替代,教育行为或教育过程成了教育计划的附属品。事实上,人的理性与非理性不是绝对对立和冲突的,它们存在相辅相成的一面,前者为后者提供观念与价值引导并使后者得以跃迁和升华,后者则为前者提供动力支持和生命力。我们应该摒弃理性对非理性的绝对支配与限制,把人的非理性从幕后推向前台,释放非理性对生命的整体意义。四是把动态多变的教育情景还原为几个或几条简单而抽象的命题和原则。比如,将教育过程规定为确立教育目标、设置课程、选择方法与手段、检查评估等几个有序阶段,把丰富多变的教学过程规定为选择内容、组织教学、讲授新教材、巩固新教材等线性程式化的序列运作。

总而言之,简单教育是一种简单思维或机械决定论支配下的程式化教育。在这种简单思维的统摄下,原本复杂的教育被简化处理,教育的可选择性被遮蔽,教育主体的能动性与选择权被扼杀,整个教育沦为一种可操作的、程式化的技术性行为。更为严重的是,教育成为一种单纯的知识记忆与储存,被禁锢在一种绝对客观化、确定性的认知层面,受教育者在接受知识的过程中,难以触及情感和意志,整个教育失去了其发展人的综合素质的本真意义。

四、复杂教育对教育选择权的释放

人的本质既是生物性的又是文化性的,既是理性的又是非理性的。这意味着,"人一旦作为一种复杂性的存在进入教育过程,无论是从人作为教育系统基本要素的角度也好,还是由于人的复杂性而导致的教育对外在环境开放的角度也好,简单教育过程中那种人为的稳定与有序的运作状态必然会被打破,而出现一种动荡的'涨落'起伏状态"①。

作为社会的子系统,教育既非"单子",也非社会中的"孤岛"。一方面,教育镶嵌在复杂的社会系统之中,与社会的其他子系统(如经济系统、政治系统、文化系统)以及各种社会因素(如人口、资源、地理、生态、民族、宗教等)之间存在密切的关系,其运行发展要受到经济、政治、文化等的制约。另一方面,教育系统本身也由多种内在联系的子系统构成,各子系统处在一种非线性作用的关系网络之中。由于受到各种外界因素和内部非确定因素的影响,教育的运行发展变得无法准确预测和估计。

教育的复杂性意味着教育过程带有不可重演性,不能像装配机器一样完全程式化运作,可以重复演示。对于复杂的教育问题,我们理应采用策略而非程序的方法,因为"程序由一个预先确定的行动序列构成,它只能在包含着很少的随机性和无序性的环境中付诸实施。至于策略,则是根据既有确定性又有随机性、不确定性的环境的条件而建立的,人们在这个环境中行动以求实现一定的目的。程序是不能改变的,在出现预料之外的情况或危险时它只有中止。策略则可以根据在执行中途获得的信息改变预定的行动方案,甚至创造新的方案"②。简言之,程序不能有半点差错,否则,系统就无法运行。程序化操作是一种简单的行动方式,而策略则包含着对教育中的各种复杂因素的正视和利用,同时可以根据实际情况调整计划和方案。

除此之外,教育的复杂性还表明,仅看到教育的有序性与确定性,无视教育的无序性与不确定性,必将忽视教育主体的选择作用,扼杀教育主体的主观能动性。这意味着我们必须走出简单教育的樊篱,树立复杂性教育思维,赋予教育复杂性以本体论的性质和意义,在动态的、发展的、整体的、非线性的交互关系中去把握教育的过程性与情景性,真正使教育的选择权得到释放和弘扬。

第一,强调教育不仅是实体的集合体,更是关系的集合体。教育不只是

---

① 么加利.走向复杂——教育视角的转换[M].重庆:西南师范大学出版社,2002:157.
② 埃德加·莫兰.复杂思想:自觉的科学[M].陈一壮,译.北京:北京大学出版社,2001:174-175.

由一个个"单子"式的因素组成的纯实体世界,教育中的任何因素都处于与其他因素的内在关系网络之中,这种存在于教育中众多甚至不计其数的相互作用、相互反馈的关系,赋予了教育以复杂的性质。教育的这种复杂性决定了教育很难或不可能被统一在恒定的规律之下,刻意把动态多变的教育情景还原为几条简单而抽象的命题或原则所组成的教育原理远远不够。如果把教育看成一个纯实体的集合体,看不到教育中的复杂关系以及教育的多样性、可变性和分叉性,就会很容易忽视主体在教育中的能动作用,进而将教育过程视为一个如同机器装配一样的技术操作过程。

第二,强调教育的过程性,反对严格的预期性。教育是一个过程的延续体或连续体,教育中的一切都处于动态发展的过程之中,教育的意义不可能离开具体的教育情景与特定语境而存在,否则,教育就异化成了"闭门造车"或"坐而论道"。在教育过程中,无论是教育者还是受教育者,都应该不断形成与调整自己的目标和方案,而不是一味地、机械地固守预先设定的目标和方案。尽管教育存在确定性的一面,需要一定的预期与计划,但也存在不确定性的一面,因而一旦进入教育过程,教育的运作不应该是对外在于过程的种种预期与计划的执行,不应死守计划而为计划所束缚,最终成为教育者按严格计划"制造"受教育者的过程,而应根据教育过程中不断出现的新情况适时调整计划,使教育成为一个不断涌现创造性的过程。过去,有人担心给教师或学生发挥自主性的空间,容易使教育运作处于一盘散沙的混沌状态,或者过于自由或散漫。事实上,非但不会如此,由于教师和学生的主动参与,反而会使教育成为一种充满活力的结构体,正如在复杂性系统中,"混沌就是生命和创造力的源泉,并且生命和创造力并不按事先设计,而是通过导致自然输出的瞬间自组织过程造就的"①。在此意义上,我们有必要赋予教育中的混沌、无序性和偶然性以本体论的意义,进而释放其价值论、认识论和方法论的意义,而不是遮蔽教育的复杂性,一味地排斥教育中的混沌、无序性和偶然性。

---

① 拉尔夫·D.斯泰西.组织中的复杂性与创造性[M].宋学锋,等译.成都:四川人民出版社,2000:11.

　　第三,强调教育价值的情境性和多样性,反对教育价值的抽象性和统一性。在现实中,教育所追求的价值具有阶段性,不是一种指向终极的抽象价值,也不应该以一种永恒的方式表现出来,因为教育的价值追求只有与具体的教育情境统一起来才可能是真实的。教育规律也是如此。过去,由于深受机械决定论的影响,把对教育规律的探求等同于对教育确定性和有序性的探寻,义无反顾地挖掘教育中严格的必然性和严格的因果关系,很少意识到教育规律通常只是作为教育发展的"一般趋势"表现出来的一种"弹性的必然性"。鉴于教育的过程性和情境性,鲁洁先生认为应该革新教育规律的研究范式,即"由探讨普适性的教育规律,转向寻找情景化的教育意义"①,赋予教育规律以发生学的意义,充分认识到"进入教育实践活动中的主客体都不是预成的,它们都是主体实践创造、重建的结果,因此也就不存在一种预成的、永恒不变的必然性与规律,任何一种必然性都形成于一定的教育活动之中。固然以往实践结果为新的、后续的教育实践提供了前提,并决定了它的大致方向,但这种前提条件又会在新的、后续活动中不断被改变,这种改变也形成了新的必然性、新的规律"②。

　　综上所述,复杂教育是人类对教育本质属性认识的升华,是一种应有的教育思维。从简单教育到复杂教育的思维转换,是教育改革与创新的必然要求,但它并不是对简单教育的全盘否定与颠覆,而是对目前僵化、刻板与程式化教育的反思与批判,是对简单教育的一种纠偏与超越。这种思维转换不仅意味着教育主体的能动性与选择权的恢复,教育目的由单纯的前置向前置与生成相结合转变,教育过程由纯粹的严格控制向自组织运作与弹性管理相结合的方式转变,教育结果不再是预定计划的附属品而是伴随教育发展而不断涌现的创造性生成,师生关系不再是严格的规训与控制而是师生彼此的交流与对话。这种思维转换所带动的是教育理论与教育实践的全方位和深层次的变革,必将催生教育新的生命力和创造力。当然,这种思维转换也要求我们积极培养自己应付和处理不测事件或不确定性事件的头

---

　　①　大卫・杰弗里・史密斯.全球化与后现代教育学[M].郭洋生,译.北京:教育科学出版社,2000:1.

　　②　鲁洁.教育:人之自我建构的实践活动[J].教育研究,1998(9):13–18.

脑,沿用埃德加·莫兰的说法就是,学会在散布着无数确定性岛屿或群岛的不确定性的教育海洋中航行。这正是复杂性科学的要义,对理解和认识教育具有特殊的方法论意义。

第九讲
教育规律的统计性

———————— ❧✖❧ ————————

  规律是不以人的意志为转移的客观存在,任何事物的运行发展皆有其规律。寻求和探索各事物的运行发展规律是人类进入文明社会以来的永恒追求。因为这不仅具有重大的认识世界的意义,而且具有特殊的改造世界的意义,至少可以帮助我们"以最经济的方式处理许多不同的问题"①,达到事半功倍的效果。正因为如此,"科学家一直在致力于发现宇宙的秩序和组织,这也就是同主要敌人——无组织——进行博弈"②。科学探索与求真同在,每门科学都在竭力揭示对象世界的运行发展规律,设法展示其必然关系和运行发展的真实图景。

  探求和揭示教育的运行发展规律,向来是教育理论和实践工作者的理性诉求。然而,我们在致力于探索和揭示教育规律的同时,却有意或无意地忽视了对教育规律属性的研究,以致对教育规律的探寻存在认识论上的不足。长期以来,我们存在这样的倾向:把教育规律探求的视角定位于教育的确定性和有序性,义无反顾地挖掘教育中"严格的或刚性的"必然性或"一一对应"的因果关系。

  事实上,教育的复杂性众所皆知,任何因素皆有可能诱发教育的巨变,而我们在规律探寻过程中却人为地忽略或剔除了教育中某些起重要作用而难以把握的因素,用一把"奥卡姆剃刀"将各种复杂的教育关系直接化、线性化和简单化,这种剔除和简化造成了我们对教育规律的简单化理解。从根本上看,教育是一种复杂性社会实践活动,是有序与无序、确定性与不确定

———————————————

① 哈肯.协同学讲座[M].宁存政,等译.西安:陕西科学技术出版社,1987:1.
② 诺伯特·维纳.维纳著作选[M].钟韧,译.上海:上海译文出版社,1978:20.

性的统一,将教育规律定位为严格的必然性或"一一对应"的因果关系,无论对教育理论研究还是对教育实践探索都可能造成不同程度的误导。我们必须转换视角,立足于教育的复杂性,探明教育规律的属性,树立正确的教育规律观,进而探寻和建立科学的教育规律体系。

一、规律的事前追问

人类对于规律的探究与认知源远流长,古希腊时期的"命运""逻各斯"等均有规律的意蕴,中国古人探究的"道""理""常"等也实为"世界的可理解的规律"。两千多年来,规律一直是一个难解而又令人着迷的话题,或许着迷正是根源于难解。

追求确定性、必然性和稳定性是人类的求知天性、思维习惯和行动诉求。每当我们采取各种行动时,总希望有套路可循或有章法可依,以求事半功倍或一劳永逸,故而"言必称规律",也"言必按规律办事"。然而,规律如同"千古之谜",我们既难以走近规律,也难以走进规律,更难以走出规律,用先贤的话说就是,难以"入乎其内,出乎其外,超乎其上"。时至今日,还没有谁可以确切地告诉我们"规律为何物"或"规律是何样",可以直接地指出"规律在哪里"或"规律就在那里"。换言之,没有人能就规律的一系列疑问给出令人信服的答案,哪怕是那些专门从事规律研究的人,恐怕也很难对规律说个透彻和讲个明白,更遑论按规律行事了。一言以蔽之,我们一心去寻找规律、研究规律、发现规律和揭示规律,但不要忘了关于规律还存在一系列"事前之事"或"事前之问"需要去追问、解答和确证,否则,在规律这个问题上,我们难免"以糊涂对糊涂",包括以认识的糊涂对认识的糊涂和以认识的糊涂对行动的糊涂。

(一)规律是否存在

这是一个是否有必要探究规律、能否探究规律的前提性问题。不妨试想,如果规律根本不存在,那么探究规律将是多此一举或无功而返。因为,探究规律无异于寻找"虚无"。目前,学界普遍承认自然规律的客观性,而对社会规律的客观性存在两种截然相反的论点:决定论认为一切事物皆存在自身的运行发展规律,自然、社会等一切领域也存在自身的规律,而且不同事物或领域的规律存在一定的差异;非决定论认为社会历史的发展不可预测,社会历史过程充满不确定性或偶然性,不具有客观规律性和必然性。

　　一般而言,一种事物越是能在经验上被我们独立出来,或与观察者分离,或与周围环境分离,我们越容易确认其客观真实性。规律是无形的或超经验的,因而规律是否存在经常被视为一个信仰问题。即因为规律不可见、不可感和不可摸,我们无法通过经验或感知证明其存在与否,经常或只能诉诸信仰。但是,不管我们信或不信,必然性与偶然性、有序与无序、组织与离散、小概率规律与大概率无规律,如同鸡蛋搅拌后的蛋黄与蛋清,在复杂世界始终是混合并存的,可谓"你中有我,我中有你"。对立统一的双方,一方总是相对于另一方而存在,并且总是因为另一方而存在,主观地让双方相互排斥或相互否定,不符合复杂世界的本相。我们绝对不能因信仰一方而否定另一方的存在,否则,这种信仰本身就违背了规律,始终走不出"一切质疑在质疑中被质疑"的圆圈。

　　规律是客观存在的,这是现代科学研究的基本结论。宇宙世界存在各式各样的规律或规律现象,诸如基因排列的对称规律,分子组成的结构规律,生态重塑的修复规律,细胞修复的再生规律,营养繁殖的嫁接规律,生物克隆的复制规律,机体代谢的调节规律,昼夜有分的生理规律,生命发育的增长规律,声音传播的波动规律,溶液饱和的结晶规律,天体运行的周期规律,能量转换的循环规律,上下波动的价格规律,适者生存的进化规律,四季轮换的交替规律,榫卯结构的耦合规律,相互依存的共生规律,整体生成的生态规律,相生相克的生发规律,基因突变的遗传规律,热量辐射的衰减规律,算法执行的程序规律,代码控制的命令规律,黄金分割的审美规律,温故知新的学习规律,行为印刻的文化规律……凡此种种,不胜枚举。尽管如此,宇宙世界不纯粹是规律的或有序的世界,相反,在大概率上是无规律的或无序的世界。在宇宙世界中,规律或有序类似于一个又一个"小岛",而无规律或无序则如同一个又一个"群岛"。

　　世界存在物质规律、运动规律、发展规律和循环规律等这样或那样的规律,每一种规律只是认识对象的不同视角,认识到一个规律不代表真的认识了这个对象的全部,只能说认识了这个对象的一个切面或侧面。按照"规律是关系……本质的或本质之间的关系"①的界定,我们可以说"规律只能无限逼近"。这也意味着,我们已经"发现的规律"未必是"真正的规律",或许只是被我们"认识的规律"。在自然科学领域,面对同一对象,我们的认识总是在不断突破,原以为是真理的认识,过一段时间又被否定,被新的认识取代,这显性或隐性地告诉我们,规律如同真理"只能无限逼近"。比如说,原子曾被视为最小的微粒,科学发现原子还可以继续"细分",直至"基本粒子",其实"基本粒子"也不"基本"。因此,面对"发现的规律""认识的规律",我们不能盲从或盲信,要反思、质疑和批判,要重新考察、探究和确证,更要对其进行"元研究",以求无限逼近"真正的规律"。

(二)规律是否可以创造、改造和改变

规律就是关系,即本质的关系或本质之间的关系。这是列宁对黑格尔关于"规律就是关系"之论点的升华。《辞海》认为规律:"是客观的,是事物本身所固有的,人们不能创造、改变和消灭规律,但能认识它,利用它来改造自然,改造人类社会。"②张楚廷认为《辞海》的这种解释是一种"纯自然规律观","把物质的意义说到了绝对的程度,不仅是贬低或忽视了意识的意义,而且也没有说清楚物质本身的实际意义"③。同时,他还强调"是人带来了人间的规律,是人创造了人间的规律,是人在不断改造、改变着人间的规律"④。不过,我们必须看到,张先生所强调的"人间的规律",属于"认识的规律"未必是"真正的规律"。从理论上说,一切"认识的规律"如同一切理论或学说,皆有其适用范围,皆具有自身难以克服的"不完备性",皆存在被修正的可能性。

宇宙在演化中自我形成,自然界的各种关系也是自我形成的。譬如,各天体之间的相互作用,太阳的东升西落,月亮的阴晴圆缺,春夏秋冬的四季变化,以及生物界各种能量级和食物链之间的关系,几乎与人类是否参与其

---

① 列宁.哲学笔记[M].北京:人民出版社,1974:161.
② 辞海[M].上海:上海辞书出版社,2000:1744.
③ 张楚廷.教育哲学[M].北京:教育科学出版社,2006:195.
④ 张楚廷.教育哲学[M].北京:教育科学出版社,2006:198.

中无关。不唯自然关系不是人创造的，自然规律也不是人创造的。人不能创造自然规律，只是发现或呈现了自然规律，像哥白尼只是发现并呈现了"地动说"或"日心说"，牛顿只是发现并呈现了"万有引力定律"，开普勒只是发现并呈现了"天体运动定律"……相对于自然关系的"自我生成性"，社会关系则具有"人为建构性"，即社会关系的形成渗透着人类活动的介入以及人类的主观能动性，但这也并不意味着我们可以创造、改造、改变"真正的社会规律"或"社会规律本身"。

　　社会规律是客观存在的，人类社会按照一定秩序或法则运行发展，"不为尧存，不为舜亡"，无论我们承认或相信与否。马克思主义认为，规律是不可创造、改造、改变的，人类创造、改造、改变的不是规律本身，而是规律运行的条件和过程，由此而改变规律运行的结果。探寻规律，遵循规律，按规律办事，就是发挥人类的主观能动性。人类社会的发展一方面要受到社会规律的支配和制约，另一方面人类也可以创造、改造、改变社会规律运行的条件和过程，谋求和实现社会规律的决定性与选择性、符规律性与合目的性的辩证统一。

二、两种不同属性的规律

　　规律存在类型、层次之分，不同类型的规律具有不同的属性，不同层次的规律具有不同的抽象程度、支配能力和适用范围。按照规律的属性，我们可以将规律划分为确定性规律（亦称动力学规律）和统计性规律（亦称统计学规律）两大类型。

　　确定性规律是一种建立在牛顿力学基础上的规律类型，意指可以根据物体的初始状态来准确地判定物体的整个运动，预知这个物体每个定时点上的位置和运动速度或运动状态，万有引力定律、天体运动规律等就属于这类规律。这种规律观认为，万事万物都处于一个封闭的系统之中，并呈现出一种因果式、单向的线性联系，一个事物的产生与变化既是前一个事物产生与变化的结果，同时也是为下一个事物的产生与变化提供一个原因。秩序和规律充斥于整个系统之中，系统的演进因其"严格的必然性"或"严格的因果关系"可以为人们所认识和预测，科学能够而且必定能够通过对世界运动规律的把握而征服和控制世界。

统计性规律则是指这样一种规律:"它在组成统计集团大量现象的领域,即在事物和现象的总体中发生作用。这些大量的事物和现象在时间和空间上共同存在,或者只是在时间上重复,依次相互更替,并由一定的标志联合起来,从而形成某种完整的、相互联系的整体。统计性规律不同于动力学规律,它不直接地表现在某一总体的每个个别现象中,而只表现在这个总体的运动中。"①统计性规律是大量现象的规律,是平均数的规律,它不能完全决定个别事物和现象的命运,它容许个别事物和现象离开总体发展方向,作为一种偶然趋势而存在。"在真正的量子过程中,我们就遇到了一些和机械自然观完全不合的并且不能适用形象化的决定论描述的规律性……关于这些个体量子过程的出现,我们只能作出统计的说明。"②比如,电子绕原子核做环绕运动,即所谓的"绕核运动",形成"电子云",这种"电子云"其实不是电子的固定位置,只是电子在不同位置出现的概率。

确定性规律与统计性规律属于两种不同视域的规律,各自所持的规律观存在明显的差异。相对而言,统计性规律具有更强的普适性和解释力,因为它反映了"现代自然科学的最新成果,因而它必然取代并更新'确定性规律'而成为研究客观世界规律性的经纬"③。邢贲思认为,统计性规律在三个方面更新了人们对规律的认识:一是它完全更新了人们对规律与必然性关系的理解和描述。在确定性规律中,不考虑也不容纳偶然性和随机性。而在统计性规律中,必然性表现为由大量偶然性事件所体现出的必然性,是偶然性与必然性相统一的规律观。二是它更新了人们对规律的可重复性的理解和描述。在确定性规律中,可重复性意味着只要具备某种条件,就可以在自然界中重复出现某些完全相同的事物。在统计性规律中,相同的客体即使处在一定的条件下,甚至同一状态中,测量它们的力学量也不一定得到相同的结果(如能量、动量、角动量)。可重复性在这里表现为统计重复,重复整体的概率频率。它不是某一事件的完全重复再现,而只是规律所反映

---

① 洪宝书.教育本质与规律[M].成都:成都科技大学出版社,1992:191.
② 邢贲思.哲学前沿问题述要[M].北京:人民出版社,1993:121.
③ 王伟廉.教育规律问题读书札记[J].中国高教研究,2000(4):20-23.

的关系的特征本身的重复。三是它更新了人们对于规律可预言性的理解。在确定性规律中,变量在较早时刻与稍后时刻之间的关系是完全确定了的,因此,只要知道了初始条件,就可以精确地预见未来的状态。在统计性规律中,预测的性质发生了根本性的改变,它只能由给定的过去的有关条件预言未来事件的概率,即预言事件可能性实现的概率。[①] 从两者之间的关系看,确定性规律实质上是统计性规律的一种理想化和简化形式。事实与逻辑告诉我们,随机性事件发生的概率处在 0 与 1 之间,根本不可能发生的事件概率为 0,严格按照必然性发生的事件的概率为 1,确定性规律表现的就是概率为 1 时的统计性规律的极限状态。在统计性规律中,偶然性和必然性都是被定义在可能性空间中的,确定性规律所要求的严格必然性只是可能性空间中的"一条轨道",而统计性规律则是由"一组轨道"所组成的系统。可见,统计性规律并不排斥确定性规律,相反包含着确定性规律的合理内核,同时改变了确定性规律的机械性质。诚然,统计性规律虽然更新了人们对规律与必然性关系、规律的可重复性以及规律可预言性的理解和描述,看到了事物运动发展的确定性、不确定性属性,但这并不表明统计性规律是完美无缺的。客观地说,统计性规律未能很好地揭示系统内部诸要素之间的非线性相互作用,这对解读复杂系统的运动发展无疑是不够完备的,但这并不否定统计性规律的积极意义。复杂性科学发现,复杂系统内部诸要素之间的相互作用遵循非线性规律,而非统计性规律。

三、教育规律并非确定性规律

讨论教育规律属性问题,必须事先明确教育规律是否存在。在中外哲学界或学术界,对社会历史过程(包括教育过程)是否存在客观规律有两种截然不同的观点:一种是非决定论的观点,即否定社会历史过程具有客观规律性和必然性。比如,狄尔泰、新康德主义者李凯尔特以及后来的韦伯等外国学者均否认社会规律的客观性,只承认自然领域里才存在一般规律性的东西。受这种观点的影响,国外相当一部分学者不承认教育中存在规律,如

---

① 邢贲思.哲学前沿问题述要[M].北京:人民出版社,1993:122-124.

著名比较教育学者英国伦敦大学教授埃德蒙·金认为,社会科学的规律性(包括教育规律)只不过是符合一定时间空间的一般化和假说,否认有支配社会和教育行为的经济学和社会学的规律。后现代主义明显表现出反本质、反规律、反普遍化、反总体化、反同一性、反确定性,肯定多元性、多样性、不确定性、差异性、非中心等特点,如利奥塔就认为"后现代知识的法则,不是专家式的一致性;而是属于创造者的悖谬推理或矛盾论"①。受后现代主义思想的影响,一些学者否认教育中存在普遍的规律,认为"教学论概念的含义一般都不可能是普遍的、自明的,企图以这些概念为基础去追寻整个教学理论的普遍性显然是不现实的"②。另一种是历史决定论的观点,即承认社会历史过程具有客观规律性、必然性,苏联的休金娜、法国著名教育理论家米亚阿拉雷、英国伦敦大学教育研究所的霍尔姆斯、德意志联邦共和国的施奈德教授、美国哥伦比亚和纽约市立大学的埃克斯坦等,"并不否认教育规律的存在,他们把教育当成一个处于普通联系之中的现象来看待,而不仅仅是把它看成是一个自我表现的过程"③。

我国学术界普遍持历史决定论的观点,承认社会历史过程具有客观必然性和规律性。但长期以来,我们对规律的认识在某种程度上还缺少辩证法思想,对规律的理解偏于刻板、机械、教条,认定一切规律都是"严格的必然性",很少意识到社会规律通常只是作为历史发展的一般趋势表现出来的"弹性的必然性"。由于深受这种"机械的历史决定论"的规律观的影响,教育界学者多从规律的哲学释义出发,逻辑地视教育规律为一种具有纯粹客观性、必然性和普遍性的"确定性规律",认为教育的运动发展应该遵循"严格的必然性"和"完全的确定性",所谓按规律办事,教育也是严格按教育的必然性办事。这一论断不难从以下我国学术界关于教育规律的代表性界定中得到验证。

(1)教育规律是教育这个社会现象在它发展运动中的那个固有的矛盾,

① 让-弗朗索瓦·利奥塔.后现代状况——关于知识的报告[M].岛子,译.长沙:湖南美术出版社,1996:31.
② 郭晓明.论教学论的实践转向[J].南京师大学报(社会科学版),2002(2):70-76.
③ 扈中平.现代教育理论[M].北京:高等教育出版社,2000:107.

那种与其他事物的联系,即教育现象中同一的东西,巩固的东西,或本质间的联系,发展中的必然。①

(2)教育规律是规律的一种表现形式,它是教育现象内部诸方面的本质的必然的联系。它同样具有客观性、必然性、稳定性、普遍性和抽象性。教育规律包容了社会规律、自然规律和思维规律,它是这三方面的规律的有机结合。②

(3)教育规律是教育这种社会活动在发展过程中,与其他社会活动及自身各种活动、各种要素间的本质联系。③

(4)所谓教育规律,是指教育同人的发展之间,以及教育同社会发展之间的内在的、本质的、必然的联系。④

(5)教育规律就是教育系统内部各个事物或现象之间及教育系统与相邻系统之间本质联系的必然趋势。⑤

(6)教育规律所要回答的是:"教育怎样运动发展。"它所揭示的是教育的运动和发展所必然受到的制约因素,或其所必然遵循的逻辑轨道。我们对教育基本规律的探索必须始终遵循三点:其一,我们所概括出来的教育基本规律必须具备客观性、必然性和普遍性三种属性,三者缺一不可;其二,根据"规律就是关系"的界定,我们所概括出的教育基本规律必须能够说明是什么事物之间的关系和是怎样的关系;其三,这种规律必须是对一切教育有效,而且只对教育有效。⑥

(7)教育规律是教育发展过程中的本质联系和必然趋势。⑦

上述这些关于教育规律的阐释,无不映射出学者们在义无反顾地挖掘着教育中的"严格的必然性"和"严格的因果关系",同时也表明学者们将客观性、必然性、普遍性和可重复性等视为教育规律不可或缺的属性。时至今

---

①　孙喜亭.关于教育规律客观性质的几个问题[J].北京师范大学学报,1981(3):70-76.

②　马兆掌.现代教育论[M].杭州:浙江教育出版社,1990:195-196.

③　郝文武.也谈教育规律的分类[J].高等师范教育研究,1993(6):49-54.

④　彭永泉.正确处理市场经济规律与教育规律的关系——谈师范教育体制改革[J].山东师大学报(社会科学版),1994(5):68-71.

⑤　何宝安.关于教育规律的分类学研究[J].南京师大学报(社会科学版),1994(4):60-65.

⑥　洪宝书.教育本质与规律[M].成都:成都科技大学出版社,1992:195-197.

⑦　顾明远.教育大辞典(增订合编本)(上册)[M].上海:上海教育出版社,1998:750.

日,这种基于对教育简单理解的确定性教育规律观的持有者仍然很多,坚信一切教育都处在一种严格的因果关系链条之中,只要澄清了各因素彼此之间的因果联系,就找到了教育运动发展的规律,也就可以从教育的初始状态准确地预测和判定教育的整个运动。这种规律观的持有者,必然把对教育规律的探求等同于对教育确定性和有序性的寻找,执着于探寻教育中的"严格的必然性"和"严格的因果关系",很少意识到教育的不确定性和无序性的存在,人为地忽略或剔除某些起重要作用而难以或无法把握的因素。事实上,作为一种复杂性社会活动,教育虽然存在不以人的意志为转移的客观规律,但这种规律绝非"严格的必然性"而是"弹性的必然性",绝非"确定性规律"而是"统计性规律"。

四、教育规律实为统计性规律

作为一种培养人的实践活动,教育是一个动态的、发展的概念。从复杂程度来看,早期的教育相对比较简单,其组成与结构关系并不那么复杂,且在整体上是游离于社会之外的,与社会没有太多的"交织"和"交集"。而今天的教育相对复杂,不再是一个独立的变量,它一方面"镶嵌"在复杂的社会系统之中,与社会的其他子系统(如经济系统、政治系统、文化系统)以及各种社会因素(如人口、资源、地理、生态、民族、宗教等)之间存在密切的关系,其运行发展要受到经济、政治、文化等的制约;另一方面,教育系统本身也由诸多子系统构成,且各子系统同处于一种非线性相互作用的关系网络之中。由于教育系统自身及其外部环境复杂,以致仅仅通过对教育某个子系统或与之相关联的某个社会子系统的了解,根本不可能对整个教育系统做出完全的、综合的、系统的解释。教育的运动发展也变得难以控制和预测。

复杂性作为教育特定结构中的外部联系和表面特征,其内在的根源是教育的特定结构中存在网络态的非线性相互作用。作为复杂性系统,教育的运动发展常常表现出不稳定性和不确定性。主要缘由有二:一是教育系统不具备稳定运行发展的充分条件。根据系统科学,系统稳定运行发展依赖三个基本条件:①对于给定的外部刺激有而且只有一个反应;②任何输出与输入之间都有一定的比例关系;③系统不多不少恰好是各部分的总和。①
由于教育系统外部环境复杂,教育内部各组成部分之间存在既相互竞争又
相互合作的复杂关系,使教育系统成为一种极为复杂的有机体,这种复杂的
有机体在运作中对运作输入的初始条件具有高度的敏感性,外部环境的微
小变化或系统内部的些微动荡就可能导致整个系统的重组,这决定了教育
输出不可能具有严格的预期性。二是教育系统的组元主体,无论是教师还
是学生都是复杂的。在教育运行发展过程中,作为系统内最重要的构成要
素,人的主观能动性必然会对系统的运作产生决定性的影响。根据复杂性
科学,在一个系统内,"按涨落发生的不同的空间位置,一般可将涨落划分为
内涨落和外涨落两种。内涨落主要是由于自身子系统和要素的随机运动,
而外涨落则主要取决于环境"②。所以,"人一旦作为一种复杂性的存在进
入教育过程,无论是从人作为教育系统基本要素的角度也好,还是由于人的
复杂性而导致的教育对外在环境开放的角度也好,简单教育过程中那种人
为的稳定与有序的运作状态必然会被打破,而出现一种动荡的'涨落'起伏
状态"③。总而言之,由于教育系统要受到"各种外界因素和内部非确定因
素的影响,其涨落的时间、规模和程序都无法准确预测和估计"④,以致整个
教育活动难以严格控制和计划,或者说只能以确定的概率加以预言。

值得注意的是,教育虽然很复杂,我们难以对其进行客观的、准确的描
述,揭示其"严格的必然性"或"一一对应的因果关系",但这并不是说现实
的教育活动是一个纯粹的混沌世界,是绝对不可认知的,人们在其面前无能
为力或无所作为。教育虽然具有一定的不确定性和无序性,但它并非完全
无序和不确定,它也具有一定的有序性和确定性,其间存在某种程度的因果
联系,只不过"教育活动的因素、过程与其结果之间的相关关系也是概率论
的,而不是决定论的"⑤罢了。

通过以上分析可知,教育在本质上是确定性与不确定性的统一,因而单

① 拉尔夫·D.斯泰西.组织中的复杂性与创造性[M].宋学锋,等译.成都:四川人民出版社,
2000:21.

② 赵凯荣.复杂性哲学[M].北京:中国社会科学出版社,2001:79.

③ 么加利.走向复杂——教育视角的转换[M].重庆:西南师范大学出版社,2002:157.

④ 孙东川,李向荣.从系统论看我国法制建设的复杂性[J].软科学,2001(3):2-5.

⑤ 项贤明.泛教育论——广义教育学的初步探索[M].太原:山西教育出版社,2000:501.

纯的确定性或单纯的不确定性都难以概括、描绘、呈现教育系统的属性。过去,人们过分苛求教育的确定性,希冀探求到教育运动发展中的严格必然性和严格因果关系,以致人为地将教育的确定性与不确定割裂开来而取其确定性。辩证而综合地看,教育的确定性与不确定性不是彼此孤立的,而是螺旋相依的;不存在脱离了确定性的绝对的不确定性,也没有摆脱了不确定性的绝对的确定性;教育的确定性与不确定性是整个教育系统中两种不可或缺的属性,二者在教育发展变化中占有同等重要的地位和起到同等重要的作用,它们相辅相成、彼此包含、相互补充,各自有其应有的意义和适用范围。其中,"教育的确定性说明的是教育过程的历史限制和现实基础,解释了教育中因果关系的存在;教育的不确定性说明的是教育过程的偶然性和多变性,解释了教育中因果关系存在的多种可能"①。

我们要以积极的态度正视教育过程的确定性和不确定性,"既不能抛开抽象的过程来考察具体事件,也不能抛开具体事件来考察抽象的东西,以避免陷入纯必然和纯偶然的决定论中"②。当然,承认确定性与不确定性绝非一种刻意的"折中",而是教育的本质使然。教育的确定性和不确定性之间还可以相互转化,而教育系统的运动发展正是其确定性和不确定性不断循环转化的过程。在这个转化过程中,选择作为重要的机制起着非常重要的作用,其中不确定性是选择的动因,确定性是选择的归宿。因此,认识教育规律,不能仅将教育整体中可确定的东西剥离出来加以审视和研究,更不能刻意寻找教育中俨然的运行轨迹和固定的发展模式,尤其不能无视或忽视教育不确定性的存在,人为地将教育模式化和程序化。

诚然,强调教育的不确定性,并非完全否定教育过程中因果律的真理性和有效性,而是旨在表明"追求真理与客观性不能同追求绝对混为一谈"③;探寻和揭示教育规律的目的,不是也不可能为所有的教育活动摸索一个亘古不变的操作方案或程序,而是也只能是通过对具有统计性规律的教育现实或教育现象的考察和总结,对未来教育发展的可能性作出相对合理的预

---

① 维之.试论因果关系的普遍性[J].社会科学动态,2000(7):25-29.
② 曹树真.浅论教育的确定性与不确定性[J].教育理论与实践,2004(11):6-8.
③ 王治河.扑朔迷离的游戏——后现代哲学思潮研究[M].北京:社会科学文献出版社,1998:201.

测,为人们教育决策提供某些原则上的指导和咨询。正如前文所述,教育不是简单的机械系统,而是复杂的动态系统,"它们的确定性不是由它们各部分之间的个人相互作用的决定性造成的,而是由它们各部分之间的个人统计性的相互关系造成的"①。我们所能揭示的教育规律只能是一种弹性的必然性,只能预见未来教育可能性实现的概率,只能重复教育的整体概率和频率,其必然性表现为由大量偶然教育事件所体现的必然性。简而言之,教育规律在本质上表征为一种"统计性规律"。

总之,教育是一个非线性复杂系统,是确定性与不确定性的统一。这种统一表明教育的发展存在多种但数目有限的可能性,这些可能性的集合构成教育发展变化的可能域。既然教育发展的可能性表现为一个可能域,那么在前在原因的作用下,历经一段特定时间之后所产生的结果就可能是多个,而最终是哪一个结果得以实现,要结合教育的内外部条件才能加以阐明,因为教育究竟如何发展是教育系统自身与社会环境双向选择的结果。教育发展可能域的存在,揭示教育选择的可能性和必要性,而控制就是对教育发展可能性集合中某种符合教育规律以及教育目的需要状态的选择。这进一步表明,看不到教育确定性与不确定性的共生性与相互转化性,人为地将教育的确定性与不确定性割裂开来,或将教育视为纯确定性的或完全不确定性的,将难免陷入机械决定论或非决定论的泥潭和忽视主体对教育的选择性作用,最终也就无法真正揭示和把握教育规律及其属性。换句话说,在教育过程中,既有必然性和确定性的存在,也有偶然性和不确定性的存在。我们应该坚持"辩证的历史决定论与唯物主体选择论相统一"的观点,从必然性和偶然性、确定性与不确定性的相互联系和相互作用中,去揭示教育的运动发展规律,去把握教育规律的属性。一方面要承认教育存在不以人的意志为转移的客观规律,但也要看到这种规律仅仅是只能做出统计说明的规律,而不是具有严格必然性的规律。另一方面,要承认人们的自觉能动性和选择性在教育活动中起着重要的作用,但也要坚决反对无视教育规律的任意选择。潘懋元先生提出的"教育内外部关系规律"就呈现了这种决定性与选择性的辩证统一。

---

① E.拉兹洛.用系统论的观点看世界[M].闵家胤,等译.北京:中国社会科学出版社,1985:103.

第十讲
教育目的的预设与生成

❖✖❖

教育是一种有目的的社会实践活动,这在根本上源于"人本是一个依照目的而活动的东西;他没有一个目的,他什么事都做不出来"①。与自然界的日月更替、动物的本能行为有所不同,人类的实践活动自始至终都受一个自觉的目的所支配和牵引。行动受目的支配是人类活动内在的规定性。教育作为人类从事的一项特殊的实践活动,理应有其特定的目的,这是常有的思维和逻辑。然而,美国教育家杜威却语出惊人,认为"教育本身并无目的。只是人,即家长和教师等,才有目的"②。杜威的这句话曾被国内一些学者看作鼓吹或宣扬"教育无目的论"的铁证或依据。其实,杜威并不是否认教育目的及其存在的价值,而是反对凌驾于教育过程之上的外在目的或一成不变的目的。在杜威看来,教育目的就是教育过程,即"教育过程在它自身以外无目的;它就是它自己的目的"③。由此,引出一个值得思量的问题,即教育目的究竟是在活动之前由他人预设的,还是在活动过程中由主体不断生成的? 为便于讨论,我们将前者简称为"教育目的的预设"或"预设性教育目的",将后者简称为"教育目的的生成"或"生成性教育目的"。

① 费尔巴哈.费尔巴哈哲学著作选集(下卷)[M].荣震华,王太庆,刘磊,译.北京:生活·读书·新知三联书店,1962:627.
② 杜威.杜威教育论著选[M].赵祥麟,王承绪,编译.上海:华东师范大学出版社,1981:170.
③ 杜威.杜威教育论著选[M].赵祥麟,王承绪,编译.上海:华东师范大学出版社,1981:154.

一、教育目的历史性的认识偏差

（一）目的之意蕴

为什么杜威的教育目的观会引起一些学者的误解？这需要从辞书对"目的"词条的解释谈起。《辞海》将"目的"阐释为"人在行动之前根据需要在观念上为自己设计的要达到的目标或结果"①;《现代汉语词典》将"目的"解释为"想要达到的地点或境地;想要得到的结果"②。由此,我们可以得知,目的是一种观念形态的东西,具有超前性、指向性和参照性,还隐含一定程度的强制性。

第一,目的是一种观念形态的东西。它带有一定的主观性,它反映的是人们内心的某种需要。夏甄陶认为,"目的是行为主体关于自己行为的需要和行为的结果之间的统一或互相关联的有意识的觉知"③。这反映了人类活动的最本质目的,即人们提出目的,是为了在实践中实现目的,满足自己的需要。此外,目的作为一种观念形态具有一定的主观能动性,人的行为受自己的目的所支配。马克思认为,人类有意识、有目的地进行社会实践活动,是区别于动物的最本质特征。他在《资本论》中指出:"我们要考察的是专属于人的那种形式的劳动。蜘蛛的活动与织工的活动相似,蜜蜂建筑蜂房的本领使人间的许多建筑师感到惭愧。但是,最蹩脚的建筑师从一开始就比最灵巧的蜜蜂高明的地方,是他在用蜂蜡建筑蜂房以前,已经在自己的头脑中把它建成了。劳动过程结束时得到的结果,在这个过程开始时就已经在劳动者的表象中存在着,即已经观念地存在着。他不仅使自然物发生形式变化,同时他还在自然物中实现自己的目的,这个目的是他所知道的,是作为规律决定着他的活动的方式和方法的,他必须使他的意志服从这个目的。"④

第二,目的具有超前性。目的是人们在行动或活动之前预设好的,是人们对活动结果的一种预想或超前估量,"表现为对客观世界中对某些事实的

① 辞海[M].上海:上海辞书出版社,1989:1878.
② 中国社会科学院语言研究所词典编辑室.现代汉语词典[M].北京:商务印书馆,2016:928.
③ 夏甄陶.关于目的的哲学[M].上海:上海人民出版社,1982:413.
④ 马克思恩格斯全集(第四十六卷上册)[M].北京:人民出版社,1979:145.

不满足,因而要求改变这些现实,改造现成存在物的现成存在形式,创造符合于主体需要的理想客体"①。所以,目的作为一种观念形态,并不是对客观现实的直接反映,它是对现实世界的"升华"。除此之外,目的还受时间和空间的制约,并随着时间、空间的发展而演变,是一个连续性的发展过程。由于目的的预期性及实践的滞后性,因此,在时间和空间上,目的发展维度应先行于实践的构建活动。并且,杜威认为目的应该是生长的,"因为生长是生活的特征,所以教育就是不断生长;在它自身以外,没有别的目的"②。即是说目的是随着时间、空间、信息的流动不断重构经验的过程。

第三,目的具有指向性和参照性。人类在进行社会活动时都自觉受目的的驱使和支配,用黑格尔的话说,"在生活中我们有了目的。于是我们便反复思索达到这个目的的种种方法。在这里目的便是普遍,或指导原则。按照目的,我们便决定达到这目的的手段或工具"③。并且,"人在进行一项实践活动的时候,总要通过他的头脑提出一个问题:为了一个什么目的?同时又总是根据过去实践的经验,根据现实的需要,根据活动所必需的已经具备或可能具备的各种客观条件,在自己的头脑中作出综合的解答和规划:如此这般一个目的。而他的全部活动就是在这种目的的驱使和支配下去努力实现它"④。因此,目的对人类实践活动具有指向性。同时,"人的目的反映人的需要,作为反映需要的目的,是关于满足需要活动的对象性的自觉意识或观念,并表现为满足需要的活动的自觉的对象性。在这里必须指出,所谓活动的对象性,不仅仅是指这种活动有目的地指向外部对象,而且活动本身也被作为对象而受到有目的的控制和调整"⑤。所以,目的成了活动展开、活动过程校正以及活动结果最终确信的引线与校标。

第四,目的还隐含着一定程度的强制性。人们依照一定的目的,运用物质力量和物质手段作用于客体,而客体被强制地按照计划发生符合于目的的改变,并最终实现目的。无论是主体还是客体,都不能随心所欲地进行实

① 刘曙光.人的活动与社会历史发展规律的关系[M].北京:民族出版社,2002:23.
② 杜威.民主主义与教育[M].王承绪,译.北京:人民教育出版社,1990:57.
③ 黑格尔.小逻辑[M].贺麟,译.北京:商务印书馆,1980:74.
④ 夏甄陶.关于目的的哲学[M].上海:上海人民出版社,1982:220.
⑤ 夏甄陶.关于目的的哲学[M].上海:上海人民出版社,1982:201.

践活动,必须依据目的进行实践并使实践活动成为实现既定目的的运动过程。毛泽东如是说:"人们要想得到工作的胜利即得到预想的结果,一定要使自己的思想合于客观外界的规律性,如果不合,就会在实践中失败。"①马克思也曾指出:"这一运动的整体虽然表现为社会过程,这一运动的各个因素虽然产生于个人的自觉意志和特殊目的,然而过程的总体表现为一种自发的客观联系;这种联系尽管来自自觉个人的相互作用,但既不存在于他们的意识之中,作为总体也不受他们支配。他们本身的相互冲突为他们创造了一种凌驾于他们之上的他人的社会权力;他们的相互作用表现为不以他们为转移的过程和强制。"②

(二)预设性教育目的

显然,人们对教育目的的理解受到了既定"目的"概念的影响。在教育界,人们普遍相信,教育目的即人们从事教育活动所要达到的预期结果或目标。顾明远主编的《教育大辞典》把教育目的解释为"教育目的是培养人的总目标。关系到把受教育者培养成为什么样的社会角色和具有什么样素质的根本性质问题。是教育实践活动的出发点"③。《中国大百科全书》将教育目的定义为:"教育目的是把受教育者培养成为一定社会需要的人的总要求。教育目的是根据一定的政治、经济、生产、文化科学技术发展的要求和受教育者身心发展的状况确定的。"④总的来说,教育是培养人的一种社会活动。根据这样一种共识,可进一步推出:教育目的就是在教育活动之前,人们对所要培养的人才的质量及规格的总体设想与规划。人们理所当然地认为教育目的应当预设,即在教育活动之前制定出一个"完好无缺"的教育目的,从而指引着教育活动的推进方向,确保各项教育活动都围绕着教育目的的实现而展开。

关于预设性教育目的,有三个显著的特点:

第一,先在性。预设性教育目的无论是在时间上还是空间上均具有先

① 夏甄陶.关于目的的哲学[M].上海:上海人民出版社,1982:251.
② 马克思恩格斯全集(第四十六卷上册)[M].北京:人民出版社,1979:145.
③ 顾明远.教育大辞典(增订合编本)[M].上海:上海教育出版社,1998:765.
④ 中国大百科全书·教育[M].北京:中国大百科全书出版社,1985:172.

在性特征。教育目的时间和空间的先在性,是指教育目的是先于教育活动过程的存在,这是一个从主观到客观的过程,也是意识的能动过程。先在的教育目的会给教育者和受教育者提供明确的教学和学习的目标,使其在教育活动中具有一定的凝聚力,这对于教育实践的开展是很有帮助的。但是,在教育实施过程中,教育的偶然性是不可控制的,在课堂实施中教育的种种结果都是不可预测的,势必会出现偏离教育先在目的的情况。

第二,确定性。教育是培养人的活动,人既是教育的主体,又是教育的客体,教育活动的开展从一开始就包含着对教育结果的某种主观要求。其中,"所谓教学目标是指教学活动主体预先确定的、在具体的教学活动中所要达到的、利用现有技术手段可以测度的教学结果"[1]。预设的教学目的在教育活动之前已经明确存在。教育目的的"确定性"有利于教学围绕教育目的展开,选择适配的教育内容、教学手段和方法,以及最后的教育评价,使教学向课前设定方向前进,提高教学的效率,保证教学任务的完成,从而培养社会需要的合格人才。

第三,统一性。首先,预设性教育目的一般是全社会、全校、全班或者是学科要求所能达到的共同目的,在特定的空间和时间内,它对所有的受教育者都是一样的、统一的。它的统一性有利于教育实践的规划,培养所有的学生达到共同的教育标准。其次,学生具有群体属性,人们按照学生的自然年龄及其成熟程度来确定处于同一年龄段的学生的群体属性。夸美纽斯从人的天然素质出发,把人分为幼年期(0—6 岁)、少年期(6—12 岁)、青年期(12—18 岁)和成人期(18—24 岁)四个阶段,主张依据自然生长的阶段序列对不同阶段的人进行教育与教学。在当代学校教育中,人们在集成这一思想的基础上进行了更详细的阶段划分,按照学生的年龄特征划分学生阶段的指标,即我们常说的"年级"。由此可以得出,我们对学生群体抽象或概括性的印象是从学生的身心两方面出发的,而学生的身心发展是具有同一性或共同性的,以学生群体的这种同一性或共同性为根据,教育就具有统一性。

---

① 裴娣娜.教学论[M].北京:教育科学出版社,2007:95.

（三）预设性教育目的的理论基础及实践

事实上，我们对预设性教育目的的深信不疑是有实践根据的。首先，在中外教育发展史上，教育目的预设的例证比比皆是。例如，韩愈在其《师说》的开篇就说，"师者，所以传道受业解惑也"。其在解释教师作用的同时也揭示了教育的目的，即教师要向学生传授和解释那些既成经验，这也就是我们现在所说的教育目的的预设。而古人所谓的"学而优则仕"，表达的就是对学习或接受教育的那些人的预设目的。现今教育目的的预设在某种层面上受到人们的推崇。"应试教育"的发展就使受教育者在接受学习之前就有了预设的教育目的，学生只有根据预设的目的学习，才能获取满意的"分数"。其次，斯宾塞指出，"教育目的是为了完美的生活而做准备"，并强调"为我们的完满生活做准备是教育应尽的职责，而评判一门教学科目的唯一合理办法就是看它对这个职责尽到什么程度"①。同时，"我们有责任把完满的生活作为要达到的目的摆在我们面前……以便我们在培养儿童时能审慎地针对这个目的来选择施教的科目和方法"②。再次，泰勒在其《课程与教学的基本原理》一书中就提出了著名的泰勒原理。这一原理是围绕如下基本问题运作的，诸如学校应该达到哪些教育目标，提供哪些教育经验才能实现这些目标。③ 在泰勒看来，"教育目的先于经验，学习是特定意图的、指导的和控制的结果——可测量的"④。在泰勒原理的影响下，从 20 世纪 60 年代的行为主义目标运动，70 年代以能力倾向培养为目标的基础教育改革运动，到 80 年代的亨特模式，都遵循着几近相同的范式：预设目的、（根据目的）选择经验、（指向目的）组织与实施经验、（参照目的）评价，呈现出一种以目的为龙头的、有序的线形排列模式。最后，是布鲁姆的教育目标分类理论，他认为对教育结果的系统分类，有助于教育者设定课程教学目标，合理地安排教学过程和正确地评价教学效果。布鲁姆的目标分类实际是对教学目的的预期设定，通过对教育目标的知识、技能、情感的分类设定，教师可以

---

① 赫·斯宾塞.教育论［M］.胡毅，译.北京：人民教育出版社，1962：7.
② 赫·斯宾塞.教育论［M］.胡毅，译.北京：人民教育出版社，1962：7.
③ 拉尔夫·泰勒.课程与教学的基本原理［M］.施良方，译.北京：人民教育出版社，1994：2.
④ 小威廉姆·E.多尔.后现代课程观［M］.王红宇，译.北京：教育科学出版社，2003：73.

依据分类的目标安排教学实施的进程及方法等,并依据预期设定的目标进行教学评价。

二、教育目的的若干质疑

(一)已有的质疑

1.国外教育界对预设性教育目的的质疑

首先,杜威是最早否定教育目的预设的先驱。在他看来,传统的教育目的是一种外在的、虚构的目的,这种目的是静止不变的、呆板的,它束缚了学生在教育过程中的自由发展,使教育活动演变成了为达到某一预设结果而"不得不做的苦事",即是说"从外面强加给活动过程的目的,是固定的,呆板的;这种目的不能在特定情境下激发智慧,不过是从外面发出的做这样那样事情的命令。这种目的并不直接和现在的活动发生联系,它是遥远的,和用以达到目的的手段没有关系。这种目的不能启发一个更自由、更平衡的活动,反而阻碍活动的进行。在教育上,由于这些从外面强加的目的的流行,才强调为遥远的将来作准备的教育观点,使教师和学生的工作都变成机械的、奴隶性的工作"①。他反对在教育过程之外预设好目的,提出教育目的应该是儿童的本能、冲动、兴趣所决定的具体的教育过程。他认为"教育的过程和目的是完全相同的东西。如要在教育之外另立一个任何目的,例如给它一个目标和标准。便会剥夺教育过程中的许多意义,并导致我们在处理儿童问题时依赖虚构和外在的刺激"②。预先设定精确的目的,按步骤、有规划地实施这种封闭的教育活动,这种教育过程缺乏了生物原本的运动变化、自组织的特点,教育目的应该随着教育活动的开展而自由调节,在寻求平衡的过程中不断生成。亦即说,"目的必须是灵活的;它必须可以更改符合情况的要求"③。

其次,博尔诺夫提出:"教育不是一种可以预料的活动,它不像工程计划

---

① 杜威.民主主义与教育[M].王承绪,译.北京:人民教育出版社,1990:117.
② 杜威.杜威教育论著选[M].赵祥麟,王承绪,编译.上海:华东师范大学出版社,1981:8.
③ 杜威.民主主义与教育[M].王承绪,译.北京:人民教育出版社,1990:115.

那样,人们能够准确地预测其结果。虽然信任是教育成功的必要条件,但是由于被信任对象的行为是自由的,因而其效果是无法预料的,并不如自然规律那样具有必然性。所有的信任都可能会落空。这就是教育意图的失败。"①正因教育的不可预料性,所以教育的最终结果也无法预料。他强调人的生命过程是连续性发展和非连续性发展的统一,同理,教育的发展也是一个连续性和非连续性发展的过程。所谓的连续性教育指的是一系列连续的教育活动,受教育者在这种连续性的教育活动中循序渐进、按部就班不断发展的过程。而非连续性教育指的是在教育过程中不可避免地会出现不同的困难和干扰,即教育过程中存在的偶然因素,这些因素会影响教育的进程和效果,甚至左右教育的发展。所以,教师应当重视教育过程中的非连续性,并针对这些非连续性的成分选取适配的教育范式,为教育者提供有效的帮助,真正发挥教育的功能。

再次,雅斯贝尔斯曾一针见血地指出教育计划的弊端:"教育决不能按人为控制的计划加以实行。教育计划的范围是很狭窄的,如果超越了这些界限,那接踵而来的或者是训练,或者是杂乱无章的知识堆集,而这些恰好与人受教育的初衷背道而驰。"②而且,"把整个人类的亲在视为一个群体组织的全盘计划——这种计划在根本上就受到人类理解力的限制——是对真正人性的扼杀……因为这些计划并没有把自己限制在真正而且必须可计划之事上,反而让这些计划侵吞了属人的自由"③。他认为教育应适应儿童的天性和能力发展来因材施教,教育者要依据学生的身心发展实时地转变教育计划,让学生获得知识及精神的满足感。

最后,联合国教科文组织在1972年出版的《学会生存》一书中,以教育即解放为号角,对传统教育目的、教育功能观进行了全面而深刻的透视与检讨,指出"教育的基本作用,似乎比任何时候都更在于保证人人享有他们为充分发挥自己的才能和尽可能牢牢掌握自己的命运而需要的思想、判断、感

---

①　O.F.博尔诺夫.教育人类学[M].李其龙,等译.上海:华东师范大学出版社,1999:47-48.
②　雅斯贝尔斯.什么是教育[M].邹进,译.北京:生活·读书·新知三联书店,1991:24.
③　雅斯贝尔斯.什么是教育[M].邹进,译.北京:生活·读书·新知三联书店,1991:26.

情和想象方面的自由"①。该书认为,教育除了在对诸如终极价值、绝对真理之类的东西保持审慎的态度并留下一个开放的空间,更应该关注教育过程,要始终坚持尊重学生的内在需要和自主建构。这样的关注,是传统教育目的观较少涉及的领域。

2.国内教育界对预设性教育目的的质疑

在我国,对预设性教育目的的质疑并不鲜见。例如,蔡元培先生主张教育独立。他认为:"教育是帮助被教育的人,能够发展自己的能力,完成他的人格,于人类文化上能尽一分子的责任;而不是把被教育的人,造成一种特别的器具,给抱有他种目的的人去应用的。"②即是说教育的最终目的是培养人的健全人格,它应是独立于政府、政党、宗教之外,保持自己独特的发展规律的。

陈桂生教授指出:"由于长期实行集权制的教育行政管理体制,首先把教育目的作为指令性的教育工作方针,遂产生一种错觉,以为教育目的不过是一句或几句口号式的成文的表述;又由于这种成文的表述一经权力机构确立,在相当长的时期里是一成不变的,遂又产生一种错觉,以为教育目的只是一次性的预想……这种格局似乎无视为数众多的教师在其工作中各有自己的预想。"③他认为教师依照指令性的教育目的,按部就班地进行教学授课,会使教师教育目的的自主意识逐渐丧失,进而使教学质量下降。

郭元祥教授提出:"真实的教育活动由于主体及情境的因素,以及互动式交往活动的深化,教育的过程充满着变数,充满着无法预知的'附加价值'和有意义的'衍生物',未来的不可预知性就意味着过程的创造性,这正是过程的魅力、意义和发展性之所在。"④也就是说,由于教育过程的不可控因素,教育的结果也同样无法控制。同时,也因为教育过程的创造性,教育的结果也同样具有创生性。

① 联合国教科文组织国际教育发展委员会.教育——财富蕴藏其中:国际21世纪教育委员会报告[M].北京:教育科学出版社,1996:85.
② 沈灌群,毛礼锐.中国教育家评传[M].上海:上海教育出版社,2000:384,471.
③ 陈桂生."教育目的"的逻辑[J].当代教育科学,2006(2):61-62.
④ 郭元祥.论教育的过程属性和过程价值——生成性思维视域中的教育过程观[J].教育研究,2005(9):3-8.

《国家中长期教育改革和发展规划纲要（2010—2020 年）》（下文简称《纲要》）指出，"把育人为本作为教育工作的根本要求""要以学生为主体，以教师为主导，充分发挥学生的主动性，把促进学生健康成长作为学校一切工作的出发点和落脚点。关心每个学生，促进每个学生主动地、生动活泼地发展，尊重教育规律和学生身心发展规律，为每个学生提供适合的教育"。《纲要》强调以人为本和充分发挥学生的主体性，注重受教育者的知识、技能、情感等，德智体美劳全面发展，以及教育活动过程中构建以学生为主体的知识体系，是我国教育改革的重要举措，也是我国教育目的演变进化。

3. 后现代教育观学者对预设性教育目的的质疑

对预设性教育目的否定最完全、最彻底的当属持后现代教育观的学者。他们反对确立任何理性原则，主张对学校教育目的采取较为宽泛的态度，不局限于单一的教育目的。麦克拉伦（McLaren）认为，教育最主要的目的是促进学生对社会生活等方面的了解和认知，增强自身的社会责任感；教育是取得个人及社会权力的工具，并在《学校生活：教育基础中的批判教育学引论》中提出，"在我试图去了解学校教育实质的过程中，我深深地被一些社会学理论所打动，这些理论试图阐明学校教育是如何对处境不利的儿童的生活进行权力、合法地位和确认性的消解的。在此基础上，我发现学校通过隐藏课程将学生钳禁在'权力的符号学'中并限制少数民族、女性和穷人的发展"[1]。理查德·彼德斯（R. Peters）指出，个体的经验伴随着信念、态度与期望。这些大多基于权威，其中许多是错误的、有偏见的和简单化的，尤其是在政治中所表现出来的个体的选择完全是依照传统和非理性的忠诚。教育的目的之一便是使信念、态度与期望更少地依附于权威。[2] 斯坦迪许（P. Standish）认为，对现代主义完人教育目的进行后现代式的批评可以使我们发现，拒绝一种宏大的设计至少可以使我们避免受到统一化的侵害。这种拒绝并不会使我们的教育陷入无能为力的状况，相反，这给教育提供了更广

---

① McLaren.P. Life in Schools: An Introduction to Critical Pedagogy in the Foundations of Education [M].New Youk:Longman,1898.

② 易连云,陈时见.挑战理性——后现代主义对现代教育目的的诘难[J].比较教育研究,1999(1):6-9.

阔的视野。[1]

在后现代教育观学者视野中,人的生活世界是丰富多彩、变幻莫测的,充满着不确定性与不可预测性;人是未完成的、非终极的存在,教育不应该把培养中的"中点"当作"终点",以"目标"取代"目的",否则,就会阻隔人的发展。然而,预设性教育目的所蕴含的精确性与控制性,"对于每一种活动来说都存在着正确的程序和方法,这样,我们的生活就会被一种规范化的程序所侵蚀,在教育中,这种过程的实施一开始就用'正确的'方式来指导和规范学生。这种方式,是理性化的进程的一种延伸"[2]。这样的教育目的缺乏开放性,忽视了人及其生活世界的多样性的存在,使"多样化的人在这样的教育目的下被异化、物化和工具化"[3]。基于此,他们极力倡导建立一种注重人的个性自由发展的、生成性的教育目的观。

(二)本书的质疑

1.教育目的的预设容易忽视学生个体的权利

教育目的预设集中地凸显了社会本位与权力本位的价值取向,容易忽视个体的权利——学生个性发展的诉求与精神世界的建构。首先,从教育目的的演变轨迹看,我国历来只有政府(或代表政府意志的教育行政主管部门与学校)颁行的指令性教育目的,教师、学生甚至教育研究者在教育目的厘定过程中所能起到的作用十分有限。扈中平教授认为,"建国以来,培养'劳动者''人才''建设者和接班人''公民'等,是我国教育目的对培养什么样的受教育者的定位的几种典型表述。培养'劳动者'是'文革'前17年最为权威的一种提法;培养'人才'是'文革'结束后到20世纪80年代一种较为普遍的提法;培养'建设者和接班人'是90年代最为官方的一种提法;培养'公民'则是自90年代后期逐渐增温的一种具有较强政治和道德意味的提法。显然,上述种种关于教育目的是培养什么样'产品'的定位的提法,并不是一个简单的名词术语变换的问题,而是一个关系到教育价值取向的

---

① 张文军.后现代主义对现代教育目的观的批判[J].外国教育资料,1998(3):63-67,71.
② 张文军.后现代主义对现代教育目的观的批判[J].外国教育资料,1998(3):63-67,71.
③ 曹永国.解构与重建:后现代教育目的的意义与困境[J].湖南师范大学教育科学学报,2003(4):9-13.

重大问题,值得深思"①。这种"大一统"的教育目的,通常重科学世界而轻生活世界,重理性知识的传授而轻生活实践的体验,重育智而轻怡情。其主旨在于人的理性世界和理性能力,把学生当作工具、人力来生产,从而丧失了教育对人性的关怀、对人生境界的充实和对生命意义的提升。这也就违背了教育发展的另一方面——对教育内部关系规律的遵循与呵护。其次,在教育活动过程中,教师依据预设的课程目的,选择教学内容、教学手段与方法,对所有的学生都要求统一的教学标准,然而,学生个体发展存在差异,那么教育目的的预设就容易忽视个别学生的个体权利。我们通常说,教育的基本职能是培养人,但是教育目的的预设却无法根本上满足学生在知识、能力、兴趣需要、情感形成、个性养成及社会化的过程,这违背了教育的最初目的。

2.教育目的的预设制造了形式合理性和实质合理性的假象

教育目的预设的基本依据有二:一是依据社会发展需要,二是依据个体的身心发展需求。从结构及文字的表述来看,教育目的预设似乎很科学,也很完整,其内容基本涵盖了以上两个方面,给人以形式合理性与实质合理性的假象。之所以称其为假象,是因为它的两个依据名至而实不归。一方面,社会发展需要与个体身心发展需求之间并非具有天然的同一性,当这两种需求发生矛盾时,我们如何去依据? 这也是持个体本位教育目的观与社会本位教育目的观学者们长期的争论焦点。个体本位观学者认为,"教育要着眼于个体的发展,顺应自然法则,全面地、和谐地发展人的一切天赋力量,教育目的应该完全根据个体的自然发展需要去确定"②;而社会本位观学者认为,"教育是为社会培养人才的事业,教育目的完全只能根据社会需要来确定"③。社会发展需要和个体发展需要是教育最基本的矛盾,也是教育所要解决的最基本问题,更是教育改革、发展的最基本动力。因此,教育目的的预设是否能真正在社会发展和个体发展之中找到平衡,这是一个有待商榷的问题。另一方面,从现有的技术层面看,准确地把握社会发展需要和个体

<hr>

① 扈中平.教育目的应定位于培养"人"[J].北京大学教育评论,2004(3):24-29.
② 朱德全.现代教育理论[M].重庆:西南师范大学出版社,1999:76.
③ 朱德全.现代教育理论[M].重庆:西南师范大学出版社,1999:76.

发展需求是十分困难的,在我们对社会发展需要和个体发展需求把握不充分的条件下,杜撰出来的教育目的只不过是一厢情愿罢了。如上文所述,我们并不否定教育目的预设及其存在的合理性与价值,只是不赞成将其美化和唯一化,排斥生成性教育目的对它的修正与补充。

3.教育目的的预设难以顾及教育活动的层次性、复杂性与不确定性

预设的教育目的难以顾及教育活动的层次性、复杂性与不确定性。从系统论的观点来看,教育系统与其他各种自然的、生物的和社会的系统一样,是贯穿于人的生存世界各个层面的一个复杂的、多层次的系统。"在这个复杂系统中,多数运行过程都表现出复杂系统所具有的有组织、不可逆、不可复演和无法从外部实现完全控制等特征……它的运行过程是多个梯级、多种方式的,其中有些部分不仅简单模型无法描述,而且连模型化甚至都难以做到。"①复杂的教育系统中包含着众多不同类型、不同层次的教育子系统,各个教育子系统不断分化,最后还有不同发展水平与发展需要的学生个体。作为复杂教育系统某一子系统的总体要求和规范,预设教育目的具有可行性与必要性,而对于千差万别的学生个体来说,其针对性和指导意义却十分有限。因为,人的发展具有生成随机性,是一个开放的、不可限定的、复杂的、不确定的过程。我们一直都在说未来是不确定的,它具有不可预测性,现在我们可以看到,不仅是未来,现实中的教育也同样存在着不确定性。这就需要我们不仅要看清教育发展的本质,而且要用全新的范式(思维方式)来迎接教育的变革,即系统地思考,把握整体,掌握联系。借郭思乐的话说,"我们可以从人类认知的层次性和实际事物的复杂性的联系去看这个问题。人类的认识对于解决问题是必要的,但人的认识总受到层次的局限,而层次是无穷的,人不能完全地描述客观世界""作为教育者,可以给出对客观世界的概括,也就是给学生以知识,但这些知识本身,并不是对于客观世界的终极的描述,在某种意义上来说,它只是在我们方便的范围内的某种概括""承认人的学习是复杂的,必然会承认发展的差异性,应该把教育对象看成是发展中的主体,帮助他们学会从错误和挫折中认识世界、认识自

---

① 项贤明.泛教育论——广义教育学的初步探索[M].太原:山西教育出版社,2000:48-486.

己,学会从错误走向正确"①。

三、生成性教育目的的价值取向与实践方略

教育目的预设是国家或政府(包括代表国家或政府意志的学校和教育工作者)行为。它是国家或政府在教育活动开展之前制定出来的,是国家或政府根据某特定时期经济社会发展需要做出的具有普遍性、全局性和前瞻性的人才培养构想。预设性教育目的属于外在的教育目的,即从外部施加给教育的目的,通常表现为指令性的教育目的和指导性的教育目的。生成性教育目的则是在教育过程中发生并不断发展的,是随着教育活动的变化而不断变化的。它属于内在的教育目的,是教育者与受教育者在教育活动过程中不断磨合的晶体,或对预设教育目的的调整、修正甚至反叛。斯腾豪斯指出,学校教育是由不同的过程构成的,在这些过程中,有些事可以用事先规定的行为来陈述目标,但有些却行不通。②

教育目的预设与教育目的生成,各有其存在的理由和生长的土壤,不存在非此即彼或舍我其谁的选项。在现实教育实践活动中,人们对预设的教育目的已经耳熟能详,但对生成的教育目的还缺乏深刻的认识与了解。关于后者,其基本特征主要有三:

第一,后置性。生成性教育目的通常是在教育活动开始进行后才形成的,而不是像预设性教育目的那样在活动开始前就预设好的。换言之,教育目的的生成应是教育者在进行教学过程中依据受教育者的需求变化和教学实践中的实际问题所做出的演变创生过程,所以在时间上具有相对的后置性。

第二,过程性。生成性教育目的把课程教学看作一个动态的生成过程。一方面,生成性教育目的的形成,是在教育活动过程中实现的。教育目的生成是依据教育活动过程的实际情境进行的衍生和发展,因为"学习不可能脱离具体的情境而产生,情境是整个学习中的重要而有意义的组成部分,情境

---

① 郭思乐.正确认识学生深化教育改革[J].教育研究,2000(8):8-12.

② 李方.课程与教学基本理论[M].广州:广东高等教育出版社,2002:142.

不同,所产生的学习也不同,学习受到具体的情境特征的影响"①。另一方面,生成性教育目的的形成本身也是一个过程,这种过程不是一蹴而就的,往往是与教育活动同始共终的。事实上,"世界不是一成不变的事物的集合体,而是过程的集合体,其中各个似乎稳定的事物以及它们在我们头脑中的思想映象即概念,都处在生成和灭亡的不断变化中"②。"事物内部要素之间的相互联系、相互作用都是在鲜活的、客观的过程中发生的,事物的变化和发展是在过程中实现的。"③因此"教育的过程不仅仅是一种活动进程、活动阶段、活动环节、活动程序,而且是教育活动的主体(教师和学生)围绕一定的活动主题(符号知识主题或生活经验主题),在特定的情境(有组织的课堂情境和有发展意义的开放活动情境)中,通过互动式交往进行的建构性实践活动的结构,是教育要素之间交互作用的变化和发展过程。在这一过程中,师生在信息沟通、情感交融、思想交流的基础上,达成学生知识与技能、情感态度与价值观由量变到质变的飞跃"④。换言之,教育的过程就是各种教育价值意义的生成过程,更是学生的发展过程。

第三,丰富性。生成性教育目的的丰富性源于教育活动主体的多元性、教育过程的复杂性及教育内容的多样性。首先,教育活动的主体具有多元性特征,所以,在教育活动过程中,教育者或受教育者都有可能根据需要来生成教育目的,由于这种生成的教育目的是基于教育不同主体的不同需要,因此表现出差异性、多样性和多方面性等特征。社会实践证明,"越是高度个性化的社会,它的整体力量就越强;越是缺乏个性的社会,其整体力量就越弱。人们逐渐认识并尊重不同群体之间的差异与多样性,发展这些差异与多样性,从而使人类社会不断进步和发展"⑤。其次,教育过程具有复杂性,教育过程与教育目的并不只是简单的线性过程关系,而应是复杂、多元

---

① 姚梅林.从认知到情境:学习范式的变革[J].教育研究,2003(2):60-64.
② 马克思恩格斯选集(第四卷)[M].北京:人民出版社,1972:240.
③ 郭元祥.论教育的过程属性和过程价值——生成性思维视域中的教育过程观[J].教育研究,2005(9):3-8.
④ 郭元祥.论教育的过程属性和过程价值——生成性思维视域中的教育过程观[J].教育研究,2005(9):3-8.
⑤ 程向阳,华国栋.学生差异资源的教育教学价值初探[J].教育研究,2006(2):60-63.

化的网络形态。正如美国教育家多尔所提出的:"今日主导教育领域的线性的、序列性的、易于量化的秩序系统——侧重于清晰的起点和明确的终点——将让位于更为复杂的、多元的、不可预测的系统或网络。这一复杂的网络,像生活本身一样,永远处于转化和过程之中。"①最后,教育内容具有多样性。生成性教育目的重视学科之间的横向连续,融合多学科知识,用发展和变化的视野把握知识的本质。同时,教师根据自身的专业素质及经验对教育内容进行选择、重建、整合和升华,从而形成新的教学内容,进而使教学内容变得多样化。

四、预设教育目的与生成教育目的的对立和分野

(一)从教育价值的取向上看,二者是社会本位与个人本位的分野

在教育史上,人们厘定教育目的的价值取向主要有二:一是强调人的社会价值;二是关注人的身心素质。倾向培养人的社会价值的教育,被称为"社会本位论";倾向培养人的身心素质的教育,被称为"个体本位论"。

在教育的最终实践上,社会本位并不完全排斥个体的发展,个体本位也不是要背离社会的客观存在去追求个体的真空式发展,但二者在出发点上是难以调和的。社会本位论者认为,教育目的"要根据社会发展需要来确定,个人只是教育加工的原料,他的发展必须服从社会需要;他们认为,教育的目的在于把受教育者培养成符合社会准则的公民,使受教育者社会化,保证社会生活的稳定与延续;在他们看来社会价值高于个人价值,个人的存在与发展依赖并从属于社会,评价教育的价值只能以其对社会的效益来衡量"②。因此,教育目的应当预设。

而个体本位论者则与之针锋相对,认为"教育目的应当从受教育者的本性出发,而不是从社会出发;教育的目的在于把受教育者培养成人,充分发展受教育者的个性,增进受教育者的个人价值;在他们看来,个人价值高于

---

① 多尔.后现代课程观[M].王红宇,译.北京:教育科学出版社,2000:5.
② 王道俊,王汉澜.教育学[M].北京:人民教育出版社,1989:102.

社会价值,社会只有在有助于个人的发展时才有价值,评价教育的价值也应当以其对个人的发展所起的作用来衡量"①。因此,教育目的厘定的最佳途径就是"背弃厘定",而让其在教育活动中不断生成。

(二)从教育实践的方式上看,二者是目的与过程的分野

究竟是教育要塑造人还是人要通过教育活动过程建构精神世界?人是教育活动的对象还是教育活动的主体?在传统上,人们把教育视作一种塑造人的活动,人便是教育活动塑造的对象,教育目的作为塑造人的蓝图与模板,理所当然要在教育活动开展之前厘定。在传统教育活动中,教育目的成了高于一切的准则,它既是教育活动的出发点,也是教育活动的归宿,贯穿于教育活动的全过程,包括教育内容的选择、教育内容的组织实施、教育活动效果的评估与检查,均是以教育目的为依据的。因为,教育目的"能在观念上改变人自然盲目的发展过程,或摆脱其他不符合教育目的的活动干预下出现的发展过程,把它纳入到预定的发展方向中去"②。并且,教育目的的预设性、程序性、划一性,使教育活动变得有序、可控和简便易行。所以,在教育实践活动中,教育目的不可或缺,必须提前预设。

现在,人们对教育的认识正在发生某些变化,诸如学生是教育活动过程中意义的主动建构者,教育活动是学生建构精神世界的载体与获得充分发展的最佳环境或空间,等等。在这些教育思想和认识的观照下,教育教学领域正在发生着润物细无声般的革命。就教学设计而言,分析教学目标开始已不再是教学设计的唯一方法,更多的教学设计是从如何创设有利于学生意义建构的情境开始的。这样的教学设计以"意义建构"为中心而展开,不论是学生的独立探索、协作学习,还是教师组织、引领,教育教学过程中的一切活动都要从属于这一中心,都要有利于完成和深化对所学知识的意义建构。这种以"意义建构"为中心的生成性教育目的,将人生的意义与价值放在核心地位,以培养完满的人格为主旨,建构人与世界全面、丰富、活泼的意义关系,引导学生去体验生活,理解世界,理解人生,寻回失落的意义世界和

---

① 王道俊,王汉澜.教育学[M].北京:人民教育出版社,1989:102.
② 沈灌群,毛礼锐.中国教育家评传[M].上海:上海教育出版社,2000:384.

生活世界,从而实现人性的复归与完满。

在探讨了两种教育目的观的实质及其分野之后,再来回答开篇的问题——究竟应该在教育活动之前就已预设好目的,还是应该在教育过程中不断地生成目的? 我们认为,教育目的预设不可或缺,它存在的合理性不容置疑,但当它的存在成为唯一并影响到生成性教育目的存在的合理性时,其危害性亦不可忽视。

(三)教育活动是预设与生成、封闭与开放的矛盾统一体

在哲学上,事物内部的矛盾是事物发展的根本原因,而矛盾具有对立和统一的两大根本属性:矛盾双方相互依存,互为条件,共处于一个统一体中;矛盾着的对立面相互渗透、相互贯通。教育目的的预设与生成就是矛盾存在的根本属性的反映,它们在本质上存在着根本对立,但是,在教育活动过程中,它们相互依存,互为条件,存在于教育活动这一统一体中。通常,预设的教育目的将人的发展看成是预定的和预成的,认为人的发展都是为了一个共同的目标,教育的方式方法都应围绕着预成的目的进行选择或实施,教育应是一种有计划、有组织、有程序的高效率活动,由此赢得其生存的合理性空间。然而,教育目的预设由于难以顾及受教育者的个体差异和发展潜能,因此,我们必须为生成性教育目的争取到应有的生存空间。

生成性教育目的强调过程而非结果,强调生成而非预成,这可在一定程度上弥补预设性教育目的的不足。教育必须尊重学生个性,必须发展学生的个性。在预设性教育目的一统天下的局面下,生成性教育目的以其未特定性或非完形性,不拘泥于预定的、具体的教育目的或目标,或许能给教育者和受教育者带来福音,留下一片自我发展、自主发展和自由发展的蓝天。

第十一讲
教育研究的本质或反本质主义

————————— ❧✳❧ —————————

　　本质主义和反本质主义是人类社会发展到一定阶段后凝练而成的两种哲学思想。受这两种不同哲学思想及其特有思维方式的影响，教育研究领域也相应地出现了本质主义和反本质主义两种不同的价值取向。应该说，两种不同价值取向在促进教育科学的繁荣和发展方面起到了不可或缺的作用，正是基于它们的存在以及它们各自在争取存在合法性过程中的不遗余力，我们对教育的认识与理解才有了更多的"路向"和更加广阔的"视域"。事实上，在教育科学研究（在本书中意同"教育研究"）领域，由于缺乏自身独特的和不可替代的研究方法，因此多种研究思路、视角与多学科的研究方法和手段等，已经成为其生存、生长和发展壮大的基石。所以，当反本质主义作为一种教育研究思想冲击我们原本习惯了的本质主义追求时，教育研究界和教育研究者应持何种态度或站在什么立场，这对于教育科学研究方法创新乃至教育学作为一个学科门类的存在和发展具有长远而深刻的意义。

一、教育研究的本质主义

　　国内哲学界和文学界关于本质主义与反本质主义之争要早于教育学界。教育研究的本质主义实则是哲学上的本质主义在教育研究领域的借鉴与移植。教育研究的本质主义是建立在哲学的本质主义之上的。要了解教育研究的本质主义及其追求，就必须了解本质主义是什么，必须了解本质主义的历史发展脉络及其思维方式、特征与追求。

（一）本质主义的内涵与特征

1.哲学上的本质主义

什么是"本质"？《辞海》中对"本质"的解释为：本质与现象相对，构成辩证法的一对范畴。本质是事物的根本性质，是事物内部相对稳定的联系，由事物所具有的特殊矛盾构成。现象是事物的外部联系和表面特征，是本质的外在表现，本质和现象是对立的统一。两者相互区别，而又相互统一。本质决定现象，总要表现为一定的现象；现象总是这样或那样地体现本质，它的存在和变化总是从属于本质。[①] 可见，此释义中"本质"的特点之一就是与现象的对立与统一，二者是相互依存的关系。

其实，在哲学上，本质是一事物区别于他事物的内在根据，是事物比较深刻的、一贯的和稳定的方面。与本质相对的是现象，它是事物的多样性、丰富性与外在表征，是展现在我们面前又能为我们的感官所直接把握的客观存在。本质主义哲学观认为，现象是变幻不定的，它只是事物个别的、偶然的、暂时的存在形式；本质是事物普遍的、必然的、永恒的存在，是恒定不变的。人们认识事物的根本方法或赋予人类认识的核心任务，就是透过现象把握本质。因为，把握了本质就把握了事物运动变化的轨迹，从而能够在实践中牢牢掌控事物运动变化的规律和发展方向，进而为人类带来更多的自由，谋取更大的幸福。

在对"本质"的探索研究过程中，由于本质主义的复杂性与特殊性，产生了不同的研究流派，仅从探索理论路向来说也各不相同。主要是由于不同的哲学家和哲学流派面对不同的问题域，以致在现当代哲学领域，对"本质"的探索理论路向主要有以下五种：其一是以胡塞尔、海德格尔和萨特为代表的现象学本体论；其二是以哈特曼为代表的自然本体论；其三是以维特根斯坦、卡尔纳普和奎因为代表的分析哲学的本体论；其四是以卢卡奇、古尔德为代表的社会存在本体论；其五是以中国的金岳霖和熊十力为代表的本体论。[②] 不同的研究理论路向，形成了不同的本质观，但万变不离其宗。所谓

[①] 夏征农，陈至立.辞海（第六版缩印本）[M].上海：上海辞书出版社，2010：102.

[②] 任丽娟."反本质主义"教育观点的时代困境及其解困[J].首都师范大学学报（社会科学版），2007(1)：141-147.

"本质主义"，就是相信万物皆有其不变的本质且这种本质可以被理性发现、描述。哲学上的本质主义亦可表现为绝对主义、基础主义和科学主义。绝对主义认为，物的本质是永恒不变的、唯一的和超时空限制的东西；基础主义认为，任何事物都有其基质，是这些基质构成事物存在的本质；科学主义则认为，人们可以用理性发现和表达事物内在的本质，从而发现那唯一而永恒的真理。①

一言以蔽之，本质主义是一种信仰本质存在并致力于本质追求的认识路线，它认为纯粹知识或科学的任务就是去发现和描述事物的真正本性，即隐藏在事物背后的那个实在或本质，别无其他。

2.本质主义的二元思维及其特征

所谓"二元思维"就是看待事物时要看到事物的两重属性。譬如，生活中事物的大与小、多与少、动与静、远与近、高与低等都是相对的，并不存在唯一性与确定性，原因在于以上状态属性皆会因参照物的改变而改变。当然，这仅是从物理学的角度来分析。加以时空因素进行考虑，这一切便会变得更为复杂。所以，在唯物主义的世界观里，一分为二看事物是了解事物本质的前提。然而，正是由于本质主义的二元思维，形成了本质的不确定性与不唯一性特征，在不同的条件环境下，事物的属性是不尽相同的。此外，作为一种方法论或思维方式，本质主义在分析与研究事物时通常将其一分为二，形成了诸如现象与本质、个别与一般、特殊与普遍、偶然与必然、形式与内容、表层与深层、外部与内部、边缘与中心、虚幻与真实等范畴。事物存在的上述两个方面均为一种主从关系或对立关系。其中，后一方决定前一方，前为次要方面，后为主要方面，主要方面对于事物的存在具有决定性的意义。

这种二元对立思维铸就了本质主义的如下基本特征：一是深信事物本质的天然潜在性、事物运动发展的客观必然性以及由浅入深和由简到繁的逻辑规律性；二是肯定人们把握事物运动发展变化规律的可能性，就是要透过事物纷繁复杂的表象去挖掘出那个隐藏其后的本质，简约的说法是"透过

---

① 韩震.本质范畴的重建及反思的现代性[J].哲学研究,2008(12):54-57.

现象看本质";三是坚持以追求事物的同一性和确定性为目标,并把这种追求建立在主客二分和二元对立的思想基础上;四是重视理性与理性思维,忽视和排斥感性思维,因为只有理性的抽象才能使人类把握事物的内在本质和世界的真实存在;五是强调"价值无涉",要求认知主体在认知过程中保持"价值中立",规避"假象";六是褒扬真理的客观性、普遍性和普适性,贬斥知识的特殊性、偶然性与个体理解的差异性。

概言之,本质主义就是要通过"化约—还原"的方法,建立起一整套由公理、法则、原理、规律等构成的标准阈值,要求人们认识、理解、把握,并依据和运用。

(二)本质主义教育研究的历史发展

受本质主义哲学思维方式的影响,寻求确定性、有序性和普遍性以及探索并获取普遍的原理与规律,也成为教育研究最根本的任务与价值追求。

1.本质主义教育研究的西方追求

在西方,自苏格拉底以来,一直在探寻超历史的、普遍有效的客观规律与准则,而教育研究也一直在遵循这样的逻辑与思维方式,解析教育,解读教育,斧正教育。可以说,西方教育研究的本质主义追求,源远流长。

事实上,西方对教育本质的探寻脚步从未停过。法国的卢梭是教育个人本位论的最早提出者。18 世纪与 19 世纪之交,德国的康德和瑞士的裴斯泰洛齐继承了卢梭的教育思想,但康德在卢梭的教育思想基础上将"个人本位论"发展为"个人精神本位"的教育本质论,并提出"人的形成说"的思想道德的"文化本位论"和"人类本位"的教育本质论。在德国还有斯普兰格和利特提出"文化陶冶说"的"文化本位"的教育本质论。在 19 世纪 70 年代以后,"社会本位"的教育本质论在美国、德国、法国大致同时产生,对教育界产生影响的有美国的杜威的"社会本位论"、德国的费希特和法国的菲叶的"国家职能说"的"国家本位论",以及法国的涂尔干、德国的纳括尔普和贝尔格曼的"社会化说"的"社会团体本位论"。[①] 正是众多西方学者对教育本质的研究探索,使得西方教育本质研究百花齐放,这对世界教育本质研究

---

① 桂建生.对教育本质的新认识[J].当代教育论坛,2002(9):51-53.

的影响是深刻的、长远的。不难发现,众多的本质论似乎可以归结为"个人本位""社会本位""文化本位""国家本位"等几大类别。但"个人本位论"似乎占了主流。这是西方教育研究的一个主流价值追求的呈现及发展流变。

2.本质主义教育研究的中国追求

在我国古代,封建社会是一种专制的社会制度,各朝代的教育家虽然对教育有着不同的看法,但教育本质与功能之争始终没成气候,在整个封建社会时期,一直是儒家的教育思想占主导地位,儒家学派主要是强调教育的社会政治功能。不可否认,这是当时教育的主流价值观与追求。如《大学》指出:"大学之道,在明明德,在亲民,在止于至善。"《中庸》指出:"天命之谓性,率性之谓道,修道之谓教。"《学记》中指出:"建国君民,教学为先","君子欲化民成俗,其必由乎"。《礼记·大学》中的"修身齐家治国平天下"更是说出了"平天下"的终极目标。此类著作经典都表达着古代中国教育的实质是为统治者服务。所以,对教育本质的研究探讨便无从谈起,但当时的教育实实在在存在着那个时期应有的本质,即为当权统治者服务。这便是其"本质"或"根本"特征。

近代中国早期教育学科的发展主要依靠引进和借鉴,先是"中道"日本,而后"直捷"西方,中华人民共和国成立之初又"以俄为师",教育研究基本上遵循"翻译—领悟—改编"的道路来演绎,"直到 20 世纪 50 年代末,本质主义尽管已经在中国教育学术界出现,但还没有成为整个教育学术界共同分享的知识观和认识论信念",也就谈不上真正意义上的"研究"或"追求"。

对于教育本质是什么的问题,国内较早对教育本质进行直接定义的是 1930 年李浩吾编著的《新教育大纲》,在该书第一章作者便直言:"教育为观念形态的劳动领域之一(one of the fields of ideological lubour),即社会的上层建筑之一"①,直接表明教育是上层建筑中的一部分。但当时关于教育本质的大讨论还没有开始。

一般认为,中国对教育本质的研究萌芽于 20 世纪 50 年代,生长于 70

---

① 李浩吾.新教育大纲[M].上海:南强书局,1930:11-12.

年代末 80 年代初。1978 年,于光远先生在《学术研究》上发表《重视培养人的研究》一文,对新中国成立后长期以来把教育活动仅仅看成上层建筑的思想观点提出质疑,认为"在教育这种社会现象中,虽然包括有某些属于上层建筑的东西,但是整个说来,不能说教育就是上层建筑。在教育与上层建筑之间不能划上个等号"①。他认为,教育有一部分是上层建筑如教育思想等,但教育实践中有许多是非上层建筑,隶属于生产力范畴。于光远先生的文章在当时引起了广泛的关注和回应,正式拉开了学术界"教育本质问题"大讨论的序幕。这场讨论参与人数之多、范围之广、持续时间之久,在中国教育学界史无前例。"在这场教育本质的大讨论中发表了近 300 篇论文,洋洋洒洒 200 余万言,林林总总 20 余说,把教育本质的研究推入'显学'之列。"②直到 20 世纪 90 年代中期以后,对于教育本质问题研究的兴趣才有所回落,但迄今为止亦未绝笔,不时还有学者从不同的角度发表看法,或提出新的观点,或反思研究中存在的问题,真可谓余音绕梁,去而犹存。然而,这种讨论至今还没有完全解决教育"传递什么生活经验、培养什么人、怎么培养人"③的根本问题。

二、教育研究的反本质主义

本质主义深信"化约—还原"思维方式在问题解决过程中的绝对有效性和唯一可行性,坚定不移地褒扬本质、超验、必然、预设、绝对、中立,贬责具体、生成、偶然、相对和研究过程中的价值观参与,十分关注现象与本质、个别与一般、特殊与普遍、偶然与必然、形式与内容、表层与深层、外部与内部、边缘与中心、虚幻与真实等范畴之间的区分和区别,而它们之间的有机联系诸如变化、发展、相互转换等内容往往被忽略甚至被忽视。正是这种忽略与忽视,在处理复杂事物的过程或环节上容易陷入机械与刻板,进而失去把握事物总体和全貌的机会。鉴于本质主义的上述缺陷和不足,哲学界的反思

---

① 于光远.重视培养人的研究[J].学术研究,1978(3):25-31.
② 郑金洲.教育本质研究十七年[J].上海高教研究,1996(3):19-24.
③ 顾明远.再论教育本质和教育价值观——纪念改革开放 40 周年[J].教育研究,2018(5):4-8.

与批评此起彼伏,逐步形成了一股针对本质主义的反叛力量,即"反本质主义"。

(一)反本质主义的逻辑起点

反本质主义的兴起,是反本质主义的觉察。不难发现,本质主义与反本质主义本身是一对阴阳互合体,只是人们此前在谈及教育研究的本质时,并没有发觉反本质主义,或者反本质主义尚未觉醒。或是当时的教育研究水平、研究技术手段根本就没有必要扯上反本质主义,抑或是当时在教育研究中还没有遇到本质主义不能解释与解决的问题。但是,没察觉并不能代表其不存在,只是人们在进行教育研究时尚未发现而已。诚然,从表面上看,本质与反本质就像一对伪命题:从字义上理解反本质就是要否定本质的存在,可是,如果无本质,那又何来反本质? 正所谓没有多哪有少,没有高哪有低。不言自明,"反本质"一词就足以说明本质存在。而反本质偏偏要反对本质,此时似乎陷入了思维的"死循环"。唯一可以解释此命题的就是:人们的理性能力与理论水平的高低影响对事物的认知,已有的本质思维不能完全科学地解释所存在的一切。也就是说,在事物发展到一定程度的时候,特别是本质主义不能科学合理地解释教育问题的时候,就需要从本质的对立面即反本质主义的方向寻求突破口。这或许是本质主义兴起的最根本原因,也是本质与反本质命题产生的起点所在。

其实,在历史进程中一直有这样的现象:差异抵抗同一,特殊冲击普遍,多样嘲笑一致,偶然戏弄必然,确定性压制不了不确定性。原因就在于:面对无限复杂的客体,人的理性认识往往是暂时的。因此,思维需要跳出已经僵化了的模式。所有这一切就是思想需要新的启蒙,人需要新的解放。为了实现新的思想启蒙,实现人的再次解放,人们开始怀疑那种所谓穷尽真理的"绝对本质",由此出现了反本质、反同一的后现代主义思潮。[①] 人类常常过分相信自身的理性认识,而人类自身的理性认识是短暂而非长久、简单而非多维的。因为,相对于整个宇宙而言,人类自身的存在不过弹指一挥间。在漫长的宇宙历史中,人类的理性认识只不过是极其短暂的。以人类短暂

---

① 韩震.本质范畴的重建及反思的现代性[J].哲学研究,2008(12):54-57.

的理性认识解释极其漫长的宇宙,显然是不科学的。同理,人类不过是宇宙中简单的一物,看待事物无一不是以人类的视角与立场为出发点。这种思维与视角也是简单的、线性的,对复杂庞大的世界来说,以简单、线性的理性思维阐述多维的世界,也是不严谨的。从本质上讲,这造成了人们认识世界的偏差。事实上,人类对世界的探知只会无限接近其本质,也就是说,所谓的本质不过是人们对事物无限接近本质的理性解释而已。过去是,现在是,将来也是。所以,过分强调本质的理性认识,必然孕育反本质主义。

(二)反本质主义的内涵与表征

以本质主义为标靶,反本质主义的背离与反叛主要表现为以下三个方面。

一是要求消解本质。在反本质主义者看来,事物根本不存在所谓普遍、共同的本质,因而"任何一个追求某种事物的本质的人都是在追逐一个幻影"①。基于此,维特根斯坦(Ludwig Wittgenstein)认为,要抵制本质主义的深层诱惑,就必须抛弃"本质"概念,改用"家族相似性"的概念或方法来描述事物及其存在方式。② 罗蒂(Richard Rorty)则站在实用主义的立场上对事物的本质进行消解,认为"一个信念之真,是其使持此信念的人能够应付环境的功用问题,而不是其摹写实在本身的存在方式的问题"③。福柯(Michel Foucault)对事物本质的消解主要集中在对人的本质的否定上,认为人并非永恒的无限存在物,而是特定历史时代的一种认识论建构,因而不具有一种恒常不变的普遍本质。

二是拒斥二元分类逻辑,反对传统哲学将事物解构为"现象"和"本质"两个对立的范畴。德里达(Derrida)指出,传统哲学的二元对立只是一种"中心—边缘"的等级结构,"其中,一方(在价值上、逻辑上,等等)统治着另一方,占据着支配地位"④,所以必须予以摧毁和解构。

三是反对科学方法,认为社会历史现象是错综复杂、变幻不定的,科学

---

① 施太格缪勒.当代哲学主流(上卷)[M].汪炳文,等译.北京:商务印书馆,1986:593.
② 刘放桐,等.新编现代西方哲学[M].北京:人民出版社,2000:274.
③ 理查德·罗蒂.后哲学文化[M].黄勇,编译.上海:上海译文出版社,1992:1.
④ 赵光武.后现代主义哲学述评[M].北京:西苑出版社,2000:140.

方法从一些固有的概念模式出发,根本无法把握处于不断变化过程中的事物,而且科学方法完全舍弃了研究对象的特殊性,不可能反映事物的全貌。概而言之,反本质主义要求消解本质,拒绝二元分类逻辑,反对同一、普遍、确定、中心,旨在追求多元、差异、不确定性,关注边缘、具体与丰富。

可见,反本质主义的主要表现形式可归结为:一是根本不存在本质,二是人的思想无法了解客观的本质。前者从根本上质疑万物的客观存在,后者怀疑我们能否认识、理解和表达本质。① 简单地说,本质不存在,本质不可探寻。

作为一种复杂性思维方式,反本质主义对教育研究影响很大,近年来已成为教育研究方法创新中的一股趋势。

(三)反本质主义对教育研究的启示

第一,从问题域来看,反本质主义无疑拓展了我们教育研究的视野。反本质主义者认为,教育不存在一个"本质",教育研究的本质追求无异于缘木求鱼。这样的认识可能有失偏颇,但退一步说,即使教育本质客观存在,我们也应该将诸如偶然性、离散性、非确定性等教育现象和问题纳入教育研究的范畴。

第二,从把握对象的状态来看,反本质主义警示我们在关注教育目的与结果的同时,必须关注教育发展的状态与过程。反本质主义反对教育的预设,包括预设的教育目的、教育计划和教育规划,强调教育及其过程的内在性、丰富性、生成性与超越性。从现实的角度看,当前教育领域也确实存在着这样一种倾向,即人们普遍将教育视为一种以理性为基础和出发点的简单教育:教育目的在事前被真理般地预设,教育过程中各种可能性为一种可以严格预期的运作模式所替代,教育行为被严格控制,教育结果相应地成为教育计划的附属品,主体的选择性被扼杀,教育内部诸因素之间、教育与外部环境之间立体网络式的非线性相互作用与联系被忽略不计甚至被排斥,人们千方百计地通过对铁定因果关系和严格必然性的探寻,企图为教育设计一个一劳永逸的操作方案。为了达到预期的设计目的与效果,人为地忽

---

① 韩震.本质范畴的重建及反思的现代性[J].哲学研究,2008(12):54-57.

略或剔除教育中某些起重要作用而难以或无法把握的因素,诸如教育的无序性、教育的偶然性、教育的不确定性、教育的丰富性、教育过程中潜藏着的活的意义与价值,甚至包括教育活动主体的主观能动性等,均成为预设的牺牲品。① 客观地讲,由本质主义追求引发的上述教育现象,或许不是本质主义的题中之义,可能是认识上的误读,也可能是实践中的偏差,还可能是被贴了标签。但本质主义难辞其咎:一方面,它的确与本质主义有关联;另一方面,很难从本质主义的角度去进行甄别。而反本质主义则不同,它旗帜鲜明地把教育当作一个开放的、不能预定更不能推算的未完成的过程,倡导教育及其过程的生成性,追求教育的丰富性和生命价值,这无疑是有重要参考价值的,至少让我们看清了理性预设的良好愿望与非理性甚至反理性过程及结果的巨大差异,以及出现这种差异的成因与机制。

第三,从方法的运用来看,反本质主义反对单纯的科学方法,提倡历史主义,注重质性研究:教育是一种社会历史现象和活动,它因历史条件差异和社会的不同状况表现出具体性、变化性和复杂性,因而单一的科学方法不足以反映教育的全貌,并且单一的科学方法容易使人们对教育的认识简单化、机械化和庸俗化。

第四,从研究态度上看,反本质主义排斥中心,反叛权威,倡导多元对话和交流。从反本质主义立场来看,既然不存在所谓本质,那么自然也没有反映本质的认识和观点,每个人的研究成果只是表明他自己的一种立场或视角,只能作为一种交流和对话的一方而存在,并不存在所谓的权威和中心,因为对话和交流的前提是平等。在反本质主义者看来,对话和交流是人类生存的一种基本方式,也是教育变革所倡导和遵循的基本理念,自然也应该成为教育研究者所具有的基本态度。

总的看来,反本质主义主张人们在教育研究中"走向一条更加现实、谦逊、民主和多元的认识之路"。毋庸置疑,反本质主义作为一种思维方式,为教育研究提供了新的视域与视角,阐述了新的主张和立场,注入了新的血液

---

① 唐德海,李枭鹰.论教育规律与似规律现象[J].华东师范大学学报(教育科学版),2007(2):8-13,52.

与活力,为其自身存在与发展赢得了时间和空间。

三、对本质主义与反本质主义教育研究的省思

有关教育研究的本质主义和反本质主义的讨论,在国内教育学界已渐渐降温,但由此引发的问题及相关思考远没结束,对教育学界和教育研究者的立场与智慧的考验才刚刚开始。下面,我们先探论一下本质主义与反本质主义的关系。

(一)教育研究的本质主义与反本质主义的存在价值

教育本质大讨论的最核心问题并不是对教育本质是什么进行求解。若按"教育本质是什么"进行研究和讨论,不会得出任何统一性的答案。时空的不同、主体的差异等,注定该问题得不到统一的"解",但探讨其存在的价值似乎意义更大。

1.本质主义追求是否有必要和可能

第一,假本质、伪本质追求没有必要,也不可能有任何结果。打着本质主义的"旗号"行假本质主义的"勾当",除了导致认识领域的"自大狂",被当作推行学术霸权的借口,滋生"学阀"和"学霸"外,"在认识论上并不使我们更智慧;在学术生活中并不使我们更谦逊;在对待知识和方法论方面,并不使我们更民主"[1]。第二,本质主义追求给我们带来了什么。站在反本质主义立场,指出本质主义的不足或障碍,为自身的存在和发展赢得空间,是正当的、合乎逻辑的。但是,全盘否定本质主义及其追求带给人类社会的科学、文明、进步、认同和秩序,是消极的和不可取的。第三,背弃本质主义我们将面临什么。在我们看来,放弃本质范畴、本质信仰和本质表达,不仅仅是一个情感上可否接受的问题,还可能是一个包括认识路线的叛离、言说方式的重构、现代文明的否定和社会秩序的颠覆等在内的深层次问题,其代价是不可估算和难以承受的。试想如果离开了本质研究,反本质主义甚至无法革本质主义研究之命,要反对本质主义研究,首先不得不界定本质主义的本质,而这种界定本身正是它所要反对的"本质主义研究"。更为糟糕的是,

---

① 石中英.本质主义、反本质主义与中国教育学研究[J].教育研究,2004(1):11-20.

离开了本质主义研究，一切教育的言说都将真的变得不可能，因为哪怕只是说到教育，都会因为缺乏基本的界定，造成彼此所指不同或自说自话。

2.反本质主义生存与发展的空间何在

从科学发展史的角度来审视，反本质主义可能是本质主义成熟与发展的重要推力。历史上，当一种理论发展到一定阶段或高度时，它的进一步发展与成熟往往需要一种附属理论（即寄生于原理论上的一种新理论，或是视域的开拓，或为包摄度的提高）来支撑和推动。这种支撑与推动可能是相继的，也可能是相对的或相向的，还可能是颠覆性的。天文学的发展史就是一个例子。公元 2 世纪托勒密《天文学大成》所建立的"地心说"，统治欧洲学界长达 1000 多年，直到 16 世纪哥白尼"日心说"的提出，人们开始认识到"地心说"的局限性。而现代科学技术的发展，又让人们看到了"日心说"的局限性。物理学的发展路径也是如此。早期的物理学包含在自然哲学中，始终是亚里士多德一统天下。到了文艺复兴时期，伽利略提出将物理理论和定律建立在严格的实验和科学的论证基础上，系统地阐明了"伽利略相对性原理"，驳倒了亚里士多德关于重物下落速度比轻物快的结论，被尊称为物理学或科学之父。然而，1687 年牛顿在《自然哲学的数学原理》中发布了他发现的三大运动定律，人们这才知道伽利略关于力与运动变化关系的分析，实质上是一个悖论。20 世纪的前 30 年，相对论和原子物理学的发展，又动摇了牛顿机械世界观的基础，即绝对时空观、质密粒子、物理现象的严格因果性、客观描述自然的思想。相对论和量子力学给我们展现了一个奇妙的"机体宇宙"：世界是无休止的事件流，事件的过渡构成时间，事件互涵的扩展构成空间。数学、生物学、系统科学等理论的发展历程亦然。如果反本质主义是本质主义进一步走向成熟与发展的推力或是具有标志性意义的重要表征，那么在教育研究中追求本质或坚持反本质就不是一种为生存而展开的博弈，更确切的表达可以谓之"珠联璧合""异彩纷呈"或"双赢"。

3.极端本质主义和极端反本质主义均不应成为教育研究的追求或选项

当我们讨论本质主义追求与反本质主义思想以及它们的实践价值时，通常是以一般性、普遍性、普适性等为前提和基础的。如果用绝对和极端来思考问题或建构话语体系，在剥夺他者话语权的同时，也扰乱了对话的氛围,毁坏了交流的语境和平台。人们有理由相信,反本质主义不是为了摧毁所有的同一性,成为彻头彻尾的怀疑主义、无政府主义甚至虚无主义;同样,本质主义也不是自欺欺人,义无反顾地置身在无聊的、虚无缥缈的游戏当中。因此,作为教育研究者,无论持何立场或信奉何种主义,都不宜也不应将对方钉在绝对与极端的"十字架"上,用以标榜自己选择的正确性以及研究成果的科学性。俗话说,过犹不及,也就是如此。凡是过于极端的本质主义或反本质主义追求均不应存在,或者说,不应得到认可。

(二)本质主义或反本质主义的教育研究走向何方

1.留出选择空间

本质追求和反本质思想均是教育研究的一种选择,作为教育研究者,赞同和选择了本质追求,或者认可反本质主义并汇入反本质思想,这应该不是原则性问题,而是作为一个研究者应有的自由。相反,剥夺研究者的选择权,限制其做出"非此即彼"的决断,形成×××阵营和非×××阵营,这才是危险的和需要引起警惕的。如果非要如此,结果不是两败俱伤,就是形成学术垄断、霸权主义。这样对教育研究不仅毫无意义,而且还会阻碍学术研究向好的方向发展的进程。唯有留出应有的选择空间,才是正确方向。

2.保持竞争态势

众所周知,20世纪80年代以来,中国教育研究领域相继出现了本质主义追求和反本质主义思想两条不同的认识路线。事实证明,两者竞争利于教育发展。关于教育本质问题的大讨论,对我们的教育产生了巨大的积极影响,譬如:它影响到了我国学校教育制度的变革,推动了教学方法的改革,也让课程改革得到人们的普通关注等。①

对注定没有统一结果的教育本质大讨论,保持竞争态势也许是较理想的选择。要百分之百认清事物的本质不太可能,即以人类的智力与科技,只能无限接近地认识事物的本质,毕竟以人的主观认识表达不以人的意志为转移的事物本质,本身就充斥着众多问号。也就是说,教育的本质研究只会

---

① 刘煜,张烨,田大海.关于教育本质问题大讨论的历史影响[J].湖北民族学院学报(哲学社会科学版),2002(1):101-105.

越来越清晰。尽管反本质主义以差异性否定一致性的本质(也可认为是事物的二元性),但是二元性存在已经肯定了本质的存在,因为这就确证了此物不是他物。简单地说,人就是人,植物就是植物,二者是有着本质区别的。换言之,我们不能否认事物的本质,通过不断竞争、思辨,从而完善研究、认识本质的方法,可以无限接近事物的本质。

3.切忌简单调和

一些学者不愿看到本质主义和反本质主义之间的纷争,千方百计从中调解,形成了"加权""中和""折中"等诸多理论。这些理论既没有学理上的任何突破,也没有解决实际问题的具体功用。这种简单调和的方法在带给教育理论界片刻宁静的同时,造成的代价是引发"教育理论中看不中用"的一片骂名,其实得不偿失。换个角度来看,简单的调和无异于逃避,这种状态也是极其可怕的。教育理论从来都是在争辩中得以丰富与升华,或者是在争取自身理论合法性的情况下产生新的理论、思想、方法的。简单的调和等于把教育锁在牢笼,永无发展之日或者止步不前。显然,这不应发生在教育研究上。

4.切换研究角度

教育是一种培养人的社会活动,是一项极为复杂的工程,要受多种因素的制约。教育不仅仅受经济、文化、政治等因素的影响,还有诸多的因素参与,如区域、历史等,如果非要将教育本质说出个一二三来,估计也是难以服众的。在这样的不可抗拒条件下,何不换个角度思考问题,与其研究教育本质是什么,还不如研究教育在培养人的道路上应该怎样做。本质主义与反本质思想应"同生共存",而不是非要进行"生死博弈",非要弄得"你死我活","执子之手,与子偕行"才是中国教育学研究的美好前景。

第十二讲
教育应该为何物

教育应该为何物，即我们需要什么样的教育，是教育的终极关怀问题。众所周知，广义的教育包括家庭教育、社会教育和学校教育；狭义的教育是指学校教育。我们所要探讨的议题"教育为何物"主要是狭义的，亦即学校教育到底为何物的问题。关于这个议题，迄今已有十分丰富的研究成果，在众多大是大非上已经形成共识，诸如教育与政治、经济、文化、科技等的关系，以及教育与人的发展之关系等。尽管如此，关于"教育应该为何物"的议题，真知灼见的研究结论依然层出不穷。例如，张楚廷先生在《教育就是教育》一文中，就教育是不是政治、教育是不是经济、教育是不是生产力、教育是不是军事、教育是不是哲学等问题，作了极为深刻的阐发，令人称羡，发人深思。我们讨论的教育为何物，主要涉及教育的合法性、教育的教育性、教育的效能性、教育的规律性和教育的艺术性等问题，并就其引发教育异变的可能提出一些粗浅的认识。

一、教育应该是一种公益性的社会活动

教育非常重要，是其合法存在的先决条件。教育是一个国家或民族的生存之本、发展之源、传承之路、健旺之策，就如"百年大计，教育为本""十年树木，百年树人"所表述的那样。一个国家或一个民族，一旦摒弃了教育，那它就放弃了根基，放弃了生长，放弃了成熟与发展，因而也就失去了进一步存在的契机和条件。我国最早的教育名篇《学记》，开篇语强调："发虑宪，求善良，足以谤闻，不足以动众；就贤体远，足以动众，未足以化民。君子如欲化民成俗，其必由学乎！玉不琢，不成器；人不学，不知道。是故古之王

者建国君民,教学为先。"其意指教育是一个国家、一个民族存在和发展中最为直接、最为深刻、最为坚实的前提与基础,是一种不可或缺的社会存在,也是一个国家或民族管控和治理的良方。

教育很重要,但办教育尤其是办好的、人民群众满意的教育却需要大量的经济投入,由于教育本身不具有营利性质,经济投入主要依赖国家,因此,教育合法存在关键要素是其"公益性"。也就是说,评定学校教育的存在是否合法,主要是看其"公益性"是否彰显,是否饱满,是否健旺,即国家的教育投入是否充裕。从当今世界各国教育投入的情况来看,发达国家的平均教育投入超过该国 GDP 总量的 5%,最高达到 8.7%(丹麦);发展中国家平均教育投入约占 GDP 总量的 4%;最不发达国家或地区的教育投入也接近或超过 GDP 总量的 3%。① 由此可见,世界各国为了办教育这一公益性事业投入颇多。这样的巨额投入对任何国家或地区而言都是刻骨铭心的,因而决定教育投入比重问题从来就是一个深思熟虑的过程,毕竟除了教育投入,还有很多国计民生的大事,诸如医疗卫生、公共基础设施建设、科学研究、文化体育事业、社会稳定、国家安全,等等。这里所说的深思熟虑,其实质是在教育与其他事业之间找到平衡点——各项事业协同发展,让教育更像教育(公益性的社会存在)。根据中国教育部发布的权威信息,我国 2019 年教育公共支出为当年 GDP 总量的 4.04%,达到发展中国家的平均水平,标志着我国教育投入达到前所未有的高度。② 有了 GDP 总量和教育比重两个指标的加持,我国教育的公益性特征更为显著,也就是说,我国的教育更像教育了。诚然,一个国家或地区的教育投入,与该国或地区经济发展程度息息相关,但也与决策层对教育的认识有关,历史上"勒紧裤腰带办教育"的国家或地区也不是个案。例如,韩国从 20 世纪 50 年代开始,30 多年持续不断巨额投资教育事业,开创了发展中国家走进发达国家的成功典范,其决策层高瞻远瞩、胆识过人,值得钦佩和敬仰。

教育的公益性特征表明,办教育就得花钱,办好的教育就需要有更多的

---

① 世界银行数据库[EB/OL].http://opendatatoolkit.worldbank.org/en/.
② 教育部 2019 年全国教育经费执行情况统计公告发布[EB/OL].http://www.moe.gov.cn/jyb_xwfb/gzdt_gzdt/s5987/202011/t20201103_497947.html.

教育投入,人类社会发展至今,教育从来没有出现过"不差钱"的现象。现在的问题是,国家少花钱,能不能办好的教育,或者说教育也还像教育。围绕这一命题,在各国政府的主导下,理论研究和实践探索真可谓殚精竭虑、呕心沥血,各种新概念、新思维、新做法等层出不穷。于是,教育就有了各种各样的层次和类型,诸如,义务教育和非义务教育、公立教育和私立(民办)教育、营利性教育和非营利性教育,等等。其关键和核心在于教育成本由谁来分担的问题。应该说,教育成本分担并不一定会改变或降低教育的公益性地位,或者说教育还是教育,不会成为其他的事物。比如,国家的教育投入是公益性,社会或民间捐资助学是公益性,私有制企业融资办学也是公益性。但是,教育成本分担的确会增加教育事业公益性沦丧的风险,从而改变教育合法存在的地位。这样的风险至少有以下六个方面。

(一)穷国办大教育

这里涉及两个方面的问题:一方面,是国家贫穷落后,经济发展低迷,通常是指那些人均 GDP 在 1 000 美元以下的发展中国家;另一方面,是如此贫穷的国家办起了"大教育",其意指教育的量大、面广、线长。这样的大教育的经费投入严重不足,各级各类教育均存在难以为继的现象,在此境遇下,难免有些学校走向教育的对立面,教育不再具有公益性。事实上,20 世纪 80 年代末 90 年代初,我国义务教育普及的初始阶段,义务教育不是免费的而是收费的,教育不像公益性事业,却更像一个强迫所有人都要来缴纳费用的收费站点,饱受社会各界非议。

(二)学校不作为

我国现阶段的教育,除义务教育能得到国家全额拨款外,其余均采用成本分担的政策,包括学前教育、中等教育(国际教育标准分类中的 3 级和 4 级)、高等教育(国际教育标准分类中的 5 级、6 级、7 级和 8 级)。进入这些教育阶段接受教育的学生,均需要分担一部分教育成本,其目的是在教育投入有限的情况下,让更多的人接受这些阶段的教育。应该说,良好的愿望使得教育的公益性有所缺损,只要学校正气浩然、立德树人,那么教育就还像教育,不会发生本质方面的变异。但是,如果学校不作为,一是没有向学生讲清楚学费仅仅占教育成本的一部分甚至是很少的一部分,大部分是国家和政府承当,还有社会各界的捐资助学,证实教育的公益性,即使是学费较高的民办教育,国家和社会在教育监管、教育用地、教育设备划拨、教育税收、教育捐赠等方面也有诸多付出和政策让利,这些就远不是学费就能涵盖的;二是没有向学生讲清楚成本分担的意义和价值,因为有了他们的学费支持,学校里有了他们更多的同窗、校友,国家发展有了更多的人才支撑,他们自己有了更加美好的幸福生活愿景。学校不作为的危害不容小觑。我们曾见到一个班级学生集体状告学校教育"缺斤短两"的事情,是因为一名讲课深受学生喜爱的教师,国庆放假和举办校运会共占了四节课,学生要求任课教师补课或退回部分学费。其实,在我国的高等学校里,如果学校或教师不讲清楚,大部分学生都认为,他们交的学费,就是全部教育成本甚至有盈余,他们就是学校和教师的"衣食父母",学校是顾主,学生是顾客,师生关系转化为顾主与顾客关系,教育行为转化为市场行为,人才培养转化为商品市场。如此,教育就不再像教育,它根本就不是它自己,因为它被经济"夺体寄生"了。

(三)不良资本介入

一般而言,教育本身不具有营利性质,教育投入大多是公益性的,以营利为目的的教育是极少数,教育天然地排斥和拒绝以营利为目的的资本介入。但是,教育却有好坏之分和优劣之别,人类社会发展至今,优质教育资源一直是稀缺之物,与人民群众巨大的教育需求相去甚远。也就是说,一方面,在学校教育领域,长期存在着优质教育资源有限和人民群众对于优质教育资源需求不断扩大之间的矛盾;另一方面,如果国家教育经费投入不充分,不能满足人民群众最基本的教育需求,教育领域存在大量的"盲区"或"死角"。这样,教育领域形成巨大的买方市场,极有可能诱使不良资本进入教育领域,并通过教育获取暴利。我们所说的"不良资本",是指那些以营利为目的进入教育领域,通过提供所谓的"教育"或"优质教育资源"来获取高额利润的资本。平心而论,任何介入教育的资本都是有意义的,至少能让人们看到,诸如有更多的孩子走进了"学校",教育领域少了一些"盲区"或"死角"，在一定程度上缓解了人民群众对优质教育迫切需求的矛盾等。但教育就是这样，一个十分脆弱的存在。一旦有不良资本介入，教育就不再是教育了，优质教育资源也就异化成劣质教育甚至非教育了。从根本上讲，不良资本进入教育有意义，但没有积极意义。因为，它让教育变成了伪教育、假教育和非教育。所以，为了让教育还是它本身，警惕并杜绝不良资本进入是一项十分重要的工作，不可等闲视之。

（四）校企合作走样

一方面，校企合作在应用型和技能型人才培养过程中具有重要的积极意义，即通过学校和企业的合作，为学校教育提供真实的实习、实训场所，提高人才培养的质量和水平，节约教育成本。另一方面，校企合作对于企业来说，是人力资源的再生机制，为企业当下生产和未来发展提供高层次的人力支持，实现企业持续健康发展。亦即是说，校企合作的出发点和归宿就是"双赢"。"双赢"尚存，校企合作延续；"双赢"不再，校企合作难以为继，即使还有合作，那也容易走样。学校要发展，企业也要发展，双方心知肚明，只有一方有利，另一方毫无益处，合作还有必要吗？还能够相安无事吗？还可以继续存在吗？过往的实践表明，校企短期的、阶段性的合作多，长期的、稳定的合作鲜见。为了避免校企合作过程中的短期行为，于是有了另外一种探索——校企融合，即学校在企业中，企业在学校中，校企一体。校企融合不仅解决了利益分配问题，也解决了组织管理过程中的诸多问题，例如人力调度、资源配置、课程编制及其组织实施等。然而，校企融合也有走样的潜在威胁，值得关注的问题主要有三：一是用办企业的理念办教育，只循经济规律，不遵教育规律。二是教育过程简单、粗放，教育性特征式微。譬如，企业骨干不经过教师培训就给学生授课或指导学生实习、实训；实习、实训过程技能至上，只顾"成才"教育，忽视"成人"教育；企业工作任务、商品生产过程、流通环节等不经课程化改造，直接当作教育内容，进入培养人的过程；等等。三是校企融合后弊大于利，教育没有为企业发展提供任何支撑，反而成了企业发展的沉重包袱，校企融合如结"孽缘"，最终是拖垮了企业，耗死了教育。这样，教育就不像教育了。

（五）教育产业化陷阱

教育产业化是 20 世纪 80 年代末 90 年代初兴起的一种教育思潮，并在 20 世纪 90 年代开始走向实践。2001 年，中国加入世界贸易组织（WTO），教育产业化成为热门。教育产业化有两大实践路向，一是教育机构利用其技术和资源优势兴办产业，二是将教育本身作为一种服务产品输出。正常来说，无论是前者还是后者，均没有损害教育公益性特征之嫌。但是，如果有人打着教育产业化的"幌子"，在教育领域尤其是义务教育领域玩起各种赚钱的"花样"，教育产品不是输出而是"内销"，如此，教育就不再具有公益性特征，而沦落为赤裸裸的利益性表演。这所谓的教育产业化，其实是一种教育产业化"误区"或"陷阱"，一个活生生的教育骗局，细思极恐，需警惕和防范。

（六）政府监管乏力

实事求是地说，分担教育成本后，教育是否发生变异，最为关键的环节是政府监管。如若政府监管到位，教育变异的概率极低，但若政府监管缺位或乏力，教育变异难以避免。前文所述的五种引发教育变异的风险均与政府监管息息相关。教育投入与教育产出是否均衡，要靠政府来谋划、跟踪、评估和校正；学校教育是否到位，政府作为教育的"当家人"，自然负有监管职责；任何资本介入教育，政府都要担起责任，严把资金入口、资金运行过程、资金出口等环节或节点，防止不良资本流入教育，确保教育的公益性特征。在我国，校企合作或校企融合是政府一贯倡导并致力推动的，是应用型、技能型人才培养的有效途径，也是促进充分就业的重要手段，还是我国成为制造业强国的关键环节。如上文所述，校企合作或校企融合极易陷入教育误区，改变教育的原本样貌，但这样的风险并非防不胜防，只要政府监管到位，校企合作或校企融合持续健康发展未来可期，至于教育产业化陷阱，化解的良方就是政府监管。一言以蔽之，在教育领域，政府监管极其重要，不可或缺。教育能不能发生质变，教育是否具有公益性特征，教育还是不是它自己而没有变成其他东西，关键环节是政府监管，其路漫漫，任重道远。

二、教育应该是一种具有积极意义的社会活动

教育只具有积极意义,而非消极作用,这是学校教育的教育性所要求和规约的。在我国,教育一直被当作一种正能量的社会活动,这里面涵盖两大信息:第一个信息显示,教育只具有积极的意义,将教育与教唆区分开来;第二个信息表明,教育活动是人类社会独具和特有的活动,不能将其与其他物种传承和衍生的生物本能混为一谈。下面,我们将分别加以论述。

(一)教育就是教育,它与教唆有本质的不同

教育就是教育,教唆就是教唆,二者具有本质的不同。教育的出发点和目的是促使年轻一代健康成长,这与教唆有着天然的差异和界限。或许教育的结果与教育的本意相去甚远,这可能是教育的"失察",也可能是教育的"失败",还可能是受教育者对教育者及其教育影响的"误读"或"曲解",但凡此种种,均不是教育的本意和追求。教唆的出发点是诱使年轻一代从恶、违法犯罪,原本意义就是消极的。因此,教育从来只有正面意义,没有"负面教育"之说。当然,不排除某些人或利益集团假借教育之名行教唆之实,使得教育沦落为教唆。这样的事例并非个案。在人类社会发展的历史上,教育曾经多次被教唆利用,给人类社会造成了极大的伤害,教训是深刻的、惨痛的。法西斯"教育"就是其中的典型。为了防止教育演变为教唆,必须守好教育的三道防线。第一道防线是学校教育机构必须有严格的审核制度和监管机制,既要守住"门口",也要严查"内堂",还要审视"过程",更要评估"出口"。第二道防线是教师。教师是教育工作者,是受社会重托专门从事教育人、培养人、呵护人、发展人工作的"使者",故有"教师是太阳底下最光辉的职业"一说。正因为教师职业重要,所以要严把教师的准入关,做实教师的培养和培训,狠抓教师的师德师风建设,加强教师的过程监测和结果评估。第三道防线是课程内容。课程内容是教育的最后一道防线,也是最为重要的一道防线。教育若想只具有积极意义而没有消极影响,重中之重在于课程内容。能够成为学校课程并在教育教学过程实施的内容,一定具有人类普遍认可的共同价值。一旦"欺世盗名"之说或"强盗逻辑"登堂入室,成了课程内容,教育就异化为教唆了。因此,课程认证非常重要。这恰恰是

被学校教育长期忽略的环节。我们一直在强烈呼吁,启动学校教育过程中的课程认证程序,包括课程生成认证、课程方案认证、课堂教学认证、授课教师认证、课程实施结果认证等程序。

（二）教育活动是人类社会独具和特有的活动

教育是人类社会特有的现象,包括"教育"这个词语和其中的丰富内涵。教育是人类社会的一个创造,它根植于人类自身的特殊性,包括人类的言语、文字、思维活动和行为方式,呈现出人类社会继承、延续和发展的独特画卷,是具有唯一性和不可替代性的基因图谱。不可否认,在自然界的其他物种之中,也存在着传承和繁衍的独特法则,这些法则正如它们传承和繁衍所使用的符号和方式一样神秘,亦具有唯一性和不可替代性,展现了其他物种传承和繁衍的独有谱系。需要说明的是,在它们的法则被破解之前,人类社会就迫不及待地将其命名为"教育",更宣称动物界也存在教育,这样的说辞和观点,显然是想当然或自欺欺人的。直到有一天,人类凭借其聪明才智,破解了其他一个物种或者众多物种的传承和繁衍之法则,就知道它或它们分别是什么了！如果需要将其命名,那也不宜用一个人类社会的"教育"来统而称之。因为,对人类社会来说,这样的教育泛用除自降身份之外,没有任何娇贵和荣耀;对其他物种而言,将传承和繁衍之法则硬套一个"教育"外壳,是强迫和不尊。

三、教育应该是一种遵循教育规律的社会活动

教育有规律,这在教育理论界和教育实践界都是得到承认的,因此我们有了遵循教育规律,按教育规律办事等观念和信条。现在的问题是,教育规律是什么？有哪些教育规律可以遵循？教育规律有何特征？教育规律如何遵循？这些问题的澄清与阐明,对于准确解读教育规律、遵循教育规律和按教育规律办教育具有十分重要的意义。

从学理上说,教育规律同其他规律一样,是不以人的意志为转移的客观存在,是教育内部诸因素之间、教育与其他事物之间内在的、必然的本质性联系,是教育发展变化的必然趋势。

（一）教育规律存在多种表述

迄今为止，在众多教育学研究成果中，比较成熟且获得广泛认同的教育规律主要有三种表述。一是潘懋元先生提出的教育内外部关系规律。教育内外部关系规律是潘懋元先生 1980 年在湖南大学讲学时第一次正式提出的。潘先生认为，教育规律是多元的和体系性的，以高等教育为视角审视整个教育的改革与发展，有两条规律是最基本的：一条是关于教育与社会发展关系的规律，称为教育外部规律，简称教育外部规律；一条是教育和人的发展关系的规律，称为教育的内部关系规律，简称教育内部规律。教育外部规律可以表述为"教育要与社会的发展相适应"，也可以进一步表述为"教育要受生产力与科学技术发展水平、政治制度与经济制度、文化传统等方面因素制约并对这些因素的发展起作用"。教育内部规律是指在人的培养过程中，各种因素之间的必然联系与关系。在这些关系中，常见的关系有三个：一个是教育与教育对象的身心发展以及个性特征的关系；再一个是人的全面发展教育各个组成部分的关系；又一个是教育者、教育对象、教育影响诸要素的关系。教育内部规律就是这些关系与作用的总和。教育外部规律和教育内部规律的关系是：教育外部规律制约着教育内部规律的作用，但教育外部规律也只能通过教育内部规律来实现。二是王道俊和郭文安两位教授提出的教育与社会发展的规律和教育与人的发展的规律，尽管他们没有在其《教育学》著作中标明"规律"两字，但却比较全面而系统地阐述了教育与政治、教育与经济、教育与文化、教育与科学技术、教育与遗传、教育与环境、教育与个体身心发展需要等关系。三是孙喜亭先生提出的一般规律和特殊规律。他一方面强调，教育学的任务在于探索教育规律，区分教育学的对象与教育学的任务，有助于处理教育学体系构建与教育问题研究之间的关系。教育规律是客观存在的，探讨教育规律才能使教育学成为科学，按教育规律办教育才能使教育事业健康发展。另一方面提出，"教育外部规律"的说法不成立，改用一般规律和特殊规律比较合理。

（二）整体性是教育规律的基本特征

教育规律与其他规律也有不尽相同的地方，即教育规律是统计规律。

统计规律的意义是随机事件的生发概率,居于 0~1。单个样本的生发概率要么是 0,要么是 1;m 个样本的生发概率是 $r=n/m$,于是就有了 0 概率事件($r=0$)、1 概率事件($r=1$)、小概率事件($0<r<0.5$)和大概率事件($0.5<r<1$)。统计规律强调的整体意义,与整体中某个样本的变化无关。也就是说,教育规律考量的是整体发展变化趋势,而非个体的有或无。随机事件有其偶然性,但也有其必然的一面,一般来说,获得了某种教育现象生发概率为大概率事件,那就是掌握了规律性的教育认识。

在教育领域,遵循教育规律和按教育规律办教育就是强调整体意义,提高规律性认识,尽量规避小概率事件和似规律现象。似规律现象产生的根源有两个方面:一是理论研究不到位、不充分或不科学,错将教育领域的小概率事件当作规律性认识;二是实践探索者想当然,自我感觉良好,缺乏实事求是的态度和精神,不调查、不研究,原本就是秉持小概率事件办教育和从事教育工作,自诩为遵循教育规律和按教育规律办教育,不管别人怎么说、怎样看,自己相信就行。似规律现象的存在和践行,对教育改革发展的影响是深入的、深刻的、深远的和深层次的,不容小觑或等闲视之。因此,在教育领域,坚持从实际出发,坚持实事求是的科学态度,坚持按教育规律办教育和从事教育,摒弃和防止似规律现象,意义和价值重大。

（三）教育规律存在层次和类型上的区分

比如,探讨教育与自然更替、生命演进和人类命运共存的关系,获得教育的生态价值;研究教育系统与外部其他系统,诸如政治、经济、文化、科技等系统的关系,获得教育的社会价值;探索教育内部各种要素之间的关系,诸如学校组织与教师、教师与学生、教师与课程、学生与课程等关系,获得教育自身的发展价值。上述三者之间存在着十分显著的差异和区别,因此,将教育规律划分为总体规律、基本规律和特殊规律是可能的和可行的。

四、教育应该是一种有效率或效益的社会活动

教育是有效率或效益的,没有效率或效益的活动,要么就是非教育,要么就是失败的教育。

（一）教育是学校特有的活动

由学校组织实施的有目的、有计划、有组织的教育人、培养人的活动，均为教育活动。社会教育和家庭教育也能起到某些教育人和培养人的功用，这可以称作"准教育"活动或"亚教育"活动，不是真教育或真教育活动。因此，承担学校教育的人谓之"教师"，起到社会教育功用的人叫"师傅"，担负家庭教育的人是"家长"。教师与师傅、家长有本质的区别。首先，教师要达到国家颁布的《中华人民共和国教师法》中关于各级各类学校教育机构的学历条件，师傅、家长均无此法律规定。其次，教师需取得从事相应学校教育的资格证书。诸如幼儿园教师资格证、小学教师资格证、初级中学教师资格证、高级中学教师资格证、中等职业学校教师资格证、中等职业学校实习指导教师资格证、高等学校教师资格证，等等。再次，教师还需要被相应的学校教育机构所聘用，没有被学校教育机构聘用，即使你有教师资格证书，你的专业水平足够高，你的能力、教书育人的效果非常好，也就是一个"师傅"而已，不能被尊称为"教师"。这其实很容易理解，国家规定的教师节与这些人无关。最后，也是最重要的一点，教育活动是学校教育机构特有的和独具的活动，离开了学校教育目的性、计划性和组织性，就没有了真教育，影响人的活动只能看作"似教育"或"类教育"现象。即使你是怀揣教师资格证并被相应学校教育机构聘用的真教师，一旦背离学校教育目的性、计划性和组织性，也就扮演起了"师傅"的角色，不再是教师行为了。

学校教育为真教育，根本原因是科学演进，而社会教育和家庭教育只能看成亚教育或准教育，核心特点是自然演进。学校教育发展到今天，其科学演进的特征日益凸显。从根本上说，学校教育的科学性有两大保障，即理论保障和实践保障。前一个保障是有专门的教育研究机构（如教育学会、教育科学研究院等），专业的教育研究团体（如高等教育研究中心、民族教育研究中心等），个体（如教育学博士研究生、教育学硕士研究生等），专注的教育研究对象（如教育现象、教育问题等），专属的研究方法（如质性研究方法、多学科研究方法等）。后一个保障是有稳定的、成功的和高效率的教育实践经验。这些教育经验不是偶然的随机事件，而是科学演进的结果。其运行机制有四个重要节点：首先，这些教育实践经验是在教育理论指导下取得的,是按教育规律从事教育教学的必然结果;其次,这些教育实践经验将成为教育研究的信息源,经历积累、总结、概括、凝练、提升等过程或环节,形成新的教育理论;再次,新的教育理论将通过网络、书刊、学术交流、教师培养培训等形式,在教育界广为流传;最后,教育理论工作者和教育实践工作者对新的教育理论进行中介研究,形成可以直接指导教育实践的成熟理论,保障教育教学实践在成熟教育理论指导下质量和效果的稳步提高。

(二)教育失效是教育过程中的非正常现象

在学校教育教学过程中,教育失范和教育失效一直存在,学校与其抗争也从来没有停止。可以肯定地说,学校教育从来没有根治教育失范和教育失效之症,但学校教育也从来没有承认教育失范和教育失效为正常现象和不治之症。

学校教育失范主要是个别教师的师德师风有问题,不能给受教育者施加积极的、健康的、全面的教育影响,表现形式多样,有道德品质低劣者、思想观念落伍者、心理素质消极者、只顾教书不管育人者,凡此种种,不一而足。就我国的教育现状而言,较为普遍的教育失范现象是教书不育人,教师没有履行和承担教育全责,实属师德不全和师风不正问题。近年来,大力推进的课程思政工作,其核心是要求教师将立德树人放在教育工作的首位,与思政课程同向、同行、同频,切实履行"双育"职责。

从表现形式看,教育失效可能比教育失范更加隐蔽,更加难以察觉和判断。其主要表征有五种:一是"所教不能学",即教师所教授的内容超出了学生可以接受的范围,学生对教师的"教"不能认知,无法理解,一无所获,教育活动失去了本该具有的效率和效益。二是"所教不该学",即教师所教授的内容不是课程方案规定的内容,课程实施的内容与本课程应该学的内容相去甚远,通俗地讲,就是"挂羊头卖狗肉"。三是"所教无可学",即教师所教授的内容没有达到学生认知发展的最低要求,所教授的课程内容要么是低水平重复或循环,要么是无关学生发展的东拉西扯,对受教育者来说,这些课程内容没有任何的意义和帮助。四是"所教无会学",即教师所教授的内容,没有对学生的发展产生任何影响,没有产生效益,关键问题是教师只管自己的教不管学生的学,学生不懂得如何才能将教师所教变成自身的发展,换言之,就是教师在教育教学过程中,没有传授知识掌握、能力提高和素养培养的方法,学生不懂得学习,不会学。五是"所教无愿学",即教师所教授的内容晦涩、枯燥、乏味,不能调动学生学习的兴趣和积极性,学生不想学、不愿学。

防止教育失败的有效策略是提升教师的课程理解能力,包括对课程性质的理解、对课程文本的理解、对学生认知发展水平的理解,以及对特定教学内容的教法与学法理解。在我国新课程改革推进的实践中,一个颇具争议的观点是"只有不会教的先生,没有教不好的学生"。对于这样的认识,理论界多持肯定意见,而实践界尤其是一线教师则表示怀疑和否定。其中,最根本的分歧是失败的教育是否存在,理论界从学理上看问题,认为失败的教育是完全可以避免的;实践界则多从现实进行判断,强调失败的教育无法杜绝。

五、教育应该是一种愉悦的和幸福的社会活动

在人类以往的教育历程中,积累了许多成功的教育经验,形成了不同的价值观念和哲学流派,如人本主义教育观、进步主义教育观、改造主义教育观、要素主义教育观、永恒主义教育观、建构主义教育观、后现代教育观等。这些观念是建立在不同哲学理念基础上的,因而教育哲学流派中观念差异甚至观念冲突在所难免。但无论什么教育哲学流派,均是以人、人的发展和走向幸福生活为出发点和归宿的,观念差异和观念冲突不在起点也不在终点,而是在过程。换句话说,教育指向幸福、教育走进幸福是没有争议的。现在的问题是,教育如何走向幸福、如何走进幸福? 这里涉及三个基本问题,教育事业是否幸福,教师是否幸福和学生接受教育是否幸福。

(一)教育事业走向幸福、走进幸福

教育事业走向幸福和走进幸福,除了学校教育内部按教育规律办教育、从事教育教学,以及全面履行学校教育的职责和义务,还有四个重要的外部条件。第一,国家对教育事业足够重视,真正把教育当作国计民生的首要工

作来抓,而不是把教育当成口号和标语,说起来激动人心,看起来光鲜亮丽,却没有具体措施,不见实际行动。第二,政府有足够的教育投入,能够保障各级各类学校的教育教学工作顺利进行。第三,社会各界对教育事业鼎力支持。譬如,社会贤能兴办教育,企业家资助教育,各级政府官员支持、帮助学校教育,社会人士支教、助教。第四,家庭对学校教育足够信赖,"教闹"事件广受社会各界谴责。改革开放以来,教育事业与我国其他各行各业一样,得到了长足的发展,教育事业已经越来越趋近幸福,临近幸福。当然,临近不等于走进,越到最后越是艰难。只有政府、学校、社会、家庭各方齐心协力,心往一处想,劲从一方使,才有可能坚实地迈出最后一步。

（二）教师走向幸福、走进幸福

捷克教育家夸美纽斯认为,教师是太阳底下最光辉的职业。作为一线教育工作者,要完全理解并能够感受其中的玄妙,至少要迈过五道"坎"。第一道坎,教育史学功底。这需要教师清楚了解教育从哪里来,经历了哪些阶段,有哪些著名教育家,分别做出了怎样的教育贡献,借此增加参照、判断的标准。第二道坎,专业发展水平。了解学科发展前沿动态,能够独立从事教育科学研究,具有较强的学术表达能力,提高问题意识和理性思维能力。第三道坎,职业发展水平,包括课程理解水平、课程呈现水平、课程协同水平、师性表现水平和课程发展水平。第四道坎,教育哲学观念,包括教育观、教师观、教学观、学生观、课程观等,尤其是对学生的认识和看法,在一定程度上决定了教师教育教学的水准和层次,对于教师的职业认知具有重要的意义和作用。第五道坎,积极心理品质。积极心理品质指个体在先天潜能和后天环境相互作用下所形成的正向心理特质,这些特质影响和决定着个体的思想、情感和行为方式。教师的积极心理品质决定着教师认识人和事物,分析、判断与解决问题的方向,是形成幸福情感体验的前提和基础。

（三）学生走向幸福、走进幸福

从根本上讲,教育是否幸福,是看学生是不是幸福,包括教育过程幸福和教育结果使用幸福两个方面。

教育过程应该是幸福的。教育是教育人、培养人和发展人的事业,促进学生健康发展、幸福成长是教育的本分和本体功能。如果教育不幸、教育过程不幸，那教育也结不出幸福之果。我们一直认为，折腾学校、折腾教师和折腾学生，绝不是办学校、抓教育，而是教育的对立面和死敌。一个孩子，因为进了学校读书，就产生了恐慌心理，有了挥之不去的心理阴影，不想再去学校，不愿再见教师和同学，甚至不再爱学习，这不能说是被"教育"。

　　幸福的教育过程是一种稳定的、深层次的心理体验，不是表象的、短暂的和表面的教育作秀可能达成的。因此，达成教育过程幸福需要长期的、艰辛的、不懈的努力和付出，一蹴而就的想法很浪漫，结果一定很"骨感"，一些愉快教育改革项目收效甚微，症结多出于此。幸福的教育过程可以是一种有形的心理体验，也可以是一种无形的、潜在的、隐含的心理体验，其中，乐学和愉快教育是显著的形式，而克服困难坚持学习、付出艰辛努力解决问题、挫折教育等则是隐蔽的形式。这两种教育形式都非常重要，甚至从某种角度而言，两种形式不可或缺。事实上，社会是多元而复杂的，人生的道路是漫长且艰难的，人的情感是丰富并不断变化的。基于此，学校教育仅仅采用一种形式，抗拒和排斥其他教育形式，这就是教育领域内的形式主义，其危害是不言而喻的。我国教育教学改革持续多年，包括高等教育改革、基础教育改革和职业教育改革，被国家认定的教学成果已然不少，被各省（自治区、直辖市）认定的成果更丰富，被学校批准而没有得到政府认定的改革项目数不胜数。回望这些改革成果，不说推广价值，能在学校内坚持下来都不容易，众多显赫的和显著的教学成果被束之高阁，成为摆设或校史展物，其缘由是多方面的，单一的形式也可能是其中之一。

　　教育结果使用幸福是教育过程幸福的延续和参照，是教育幸福的风向标。如果教育结果使用之后，给人造成不幸，给家庭生活带来困扰，给社会发展带来灾难，那么，再幸福的教育过程也是不适宜和无益的。

后　记

———————————— ◎◎ ————————————

　　本书主要由我们多年的讲义以及联袂学生发表的若干论文集结、整理、修改和拓展而成。其中,第三讲"教育为何要以人为本"源自李枭鹰、阮红梅、唐德海的《教育为何要以人为本:并非一个毋庸赘述的问题》(发表于《黑龙江高教研究》2020 年第 11 期);第五讲"教育与人的天赋"源自牛军明、李枭鹰的《理想的教育:发现与释放人的天赋》(发表于《教育导刊》2017 年第 11 期);第六讲"教育生发图式的人性论基础"源自牛军明、李枭鹰的《教育生发图式的人性论审视》(发表于《教育评论》2016 年第 6 期);第七讲"教育的复杂性"源自李枭鹰、郭新伟的《论教育的复杂性》(发表于《教育科学》2022 年第 1 期);第八讲"教育选择的复杂性"源自唐德海、李枭鹰的《复杂性视域中的教育选择》(发表于《高等教育研究》2006 年第 10 期);第九讲"教育规律的统计性"源自唐德海、李枭鹰的《论教育规律与似规律现象》(发表于《华东师范大学学报(教育科学版)》2007 年第 2 期);第十讲"教育目的的预设与生成"源自唐德海、周西安、韦莉娜的《论教育目的的预设与生成》(发表于《高等教育研究》2007 年第 8 期);第十一讲"教育研究的本质主义与反本质主义"源自唐德海的《论教育研究的本质追求与反本质思潮》(发表于《中国高等教育评论》2012 年第 00 期)。本书汇聚了诸多人的智慧,以下署名方式仅代表各讲的主讲者、重组者和再现者。

第一讲　走进教育学的理论世界　　　　　　李枭鹰

第二讲　教育学是什么之学　　　　　　　　李枭鹰

第三讲　教育为何要以人为本　　　　　　　李枭鹰

第四讲　教育如何以人为本　　　　　　　　李枭鹰

第五讲　教育与人的天赋　　　　　　　　　李枭鹰

　　本书的出版得到了广西师范大学出版社的大力支持和大连理工大学"管理工程"学科建设经费的资助,我们在此深表感谢!本书从讲义或论文到初稿,再到成书,直至出版,还凝聚了郭新伟、覃健荣、赵子博等研究生的劳动、汗水和智慧。对此,我们深表感谢!本书在写作过程中,还参阅和借鉴了不少学者的思想和观点,在此,我们也深表感谢!

李枭鹰　唐德海
2021 年 12 月 28 日